Success15 fifteen

サクセス15
March 2016

3

http://success.waseda-ac.net/

CONTENTS

新小3
～
新中3

今の君の学力を判定します。
希望者には個別カウンセリングを実施。

入塾テスト 無料

●小学生／算・国 ※新小５・新小６受験コースは理社も実施
●中学生／英・数・国 ※新中１は算国のみ

毎週 土曜日 14：00～／日曜日 10：30～

＊校舎により時間が異なる場合がございます。 ＊日曜は指定日曜に限ります

入塾された方全員にプレゼント！

早稲田アカデミーオリジナル
ペンケース ＆
（ブルーまたはレッド）
ペンセット

保護者
対象

受験資料集を無料で配付

入塾説明会

まずは入塾説明会に参加しよう!! お電話にてご予約ください。

3/12（土） 10：30～

＊受験資料集
プレゼント！

新中2・3
対象

難関チャレンジ公開模試

兼中３必勝Vコース選抜試験

難関校合格へ向けて早稲アカで力試し！ 詳しい成績帳票で今の実力がわかる!!

●費用…4,200円（５科・３科ともに） ●対象…新中２・新中３生 ●集合時間…8:20

3/21（祝）

試験時間		5科・3科選択	
マスター記入	8:30～ 8:45	数学	10:45～11:35
国語	8:45～ 9:35	社会	11:50～12:20
英語	9:45～10:35	理科	12:30～13:00

2015年
高校
入試実績

15年連続 全国 No.1 早慶高（二次） 1466名合格 7校定員約1610名

8年連続 全国 No.1 開成高 82名合格 定員100名

2年連続 全国 No.1 筑駒・筑附・学大附・お茶附高 157名合格 4校定員約515名

3年連続 No.1 都立最難関 都立日比谷高 74名合格

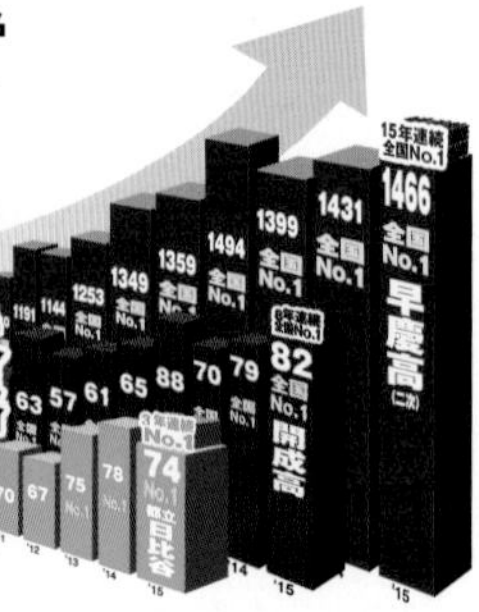

＊No.1表記は2015年2月・3月当社調べ

2016年入試実績にも是非ご注目ください。

新小3
～
新中3

新規開校 早稲田アカデミー 江古田校 入塾説明会 2/21（日） 10:30～・3/12（土） 10:30～

早稲田アカデミー個別進学館 MYSTA

お電話で 03-5954-1731
パソコン・スマホで 早稲田アカデミー 検索

高校受験の成功は中1からのスタートダッシュがカギ!!

中1コース開講までの流れ

〜中学校の勉強はトップクラス。部活も充実。輝く中学生活を手に入れよう。〜

STEP 1　2月・3月

中1準備講座　英語　数学

中学校の勉強の最初の山である英語と数学で一歩リードしよう！

STEP 2　3/19(土)

学力診断テスト　無料

算数(数学)・国語・英語・理科・社会の定着度を総合的に診断します。

STEP 3　3月・4月

春期講習会　英語　数学　国語

- 英・数・国を先取り実施。ライバルたちに一歩リード！
- 自信をもって中学生活をスタート！勉強が好きになる！

STEP 4　4月

中1コース開講　英語　数学　国語　理・社

- 中1の間に学習習慣を身に付ける！
- はじめての定期テストで成功する！

英語と数学の先取り学習！　この2ヶ月が大きな差となる！

中1準備講座　2月・3月 実施

英語 カリキュラム

英語が必ず好きになる充実した授業

会話表現として学習することが多かった小学校での英語の学習を、高校受験に向けた英語の学習につなげていきます。中学校に入学したときにスタートダッシュができるように、発展学習では一般動詞の学習まで行います。早稲アカ中１準備講座で、英語の学習に差をつけよう！

スタンダード：第1ターム → 第2ターム
アドバンス：第1ターム → 第2ターム

	カリキュラム	内　容
1	英語の世界へようこそ	アルファベット／単語の学習
2	身の回りの単語	単語の学習／冠詞／所有格
3	英語で文を作ろう	be動詞／thisとthat
4	英語で質問しよう①	What ～?／or
5	英語で自己紹介	I am ～. ／ You are ～.
6	英語で友だちを紹介しよう	He is ～. ／ She is ～. ／be動詞のまとめ
7	様子をあらわす単語	形容詞／数字
8	英語で質問しよう②	Who ～?／ Whose ～?
9	英語で数えてみよう	名詞の複数形／How many ～?／someとany
10	私はりんごを持っています①	一般動詞の否定文・疑問文（1人称・2人称）
11	私はりんごを持っています②	一般動詞の否定文・疑問文（3人称）
12	総合演習	be動詞・一般動詞の復習

数学 カリキュラム

算数から数学への橋渡し！

中1で最初に習う『正負の数』から『方程式』までを学習します。中でも正負の数・文字式は、中1の1学期の中間・期末テストの試験範囲でもあります。算数嫌いだった人も数学がきっと好きになります。
中学受験をした人は発展カリキュラムで中１の内容を先取りします。

スタンダード：第1ターム → 第2ターム
アドバンス：第1ターム → 第2ターム

	カリキュラム	内　容
1	正負の数①	正負の数の表し方・数の大小・絶対値
2	正負の数②	加法と減法、加減が混じった計算
3	正負の数③	乗法と除法、乗除が混じった計算、累乗と指数
4	正負の数④	四則混合計算、正負の数の利用
5	文字と式①	積と商の表し方、四則混合の表し方
6	文字と式②	数量の表し方、式の値
7	文字と式③	1次式の計算
8	文字と式④	文字式の利用
9	方程式①	等式の性質、方程式の解き方
10	方程式②	かっこを含む計算、小数・分数を含む計算、比例式
11	方程式③	文章題（数・代金・個数など）
12	方程式④	文章題（速さ・割合・食塩水など）

レベル別クラス　既習内容によってクラスをレベル別に設定。　スタンダード　主に塾に通うのがはじめての方　アドバンス　すでに勉強をはじめてる方。主に中学受験経験者。

中1準備講座実施要項

日程

第1ターム
2月　10(水)・12(金)・17(水)・19(金)・24(水)・26(金)

第2ターム
3月　2(水)・4(金)・9(水)・11(金)・16(水)・18(金)

時間　東 京・神 奈 川／17:00～18:40
多摩・埼玉・千葉・茨城／17:10～18:50

費用　各ターム▶ 2科 9,400円　単科 5,200円

会場　早稲田アカデミー各校舎

※校舎により授業実施日・時間帯等が異なる場合があります。
※詳しくは最寄りの早稲田アカデミー各校舎にお問い合わせください。

東大への架け橋

VOL.12

text by ゆっぴー

学校の外にある新しい世界を知ろう

冬が終われば出会いと別れの春がきます。このコラムも今月が最後。いままで読んでくださり本当にありがとうございました。ラストメッセージを届けます。

　大学3年生の私はいま就職活動真っ盛りです。就活を通して気づいたのは、学校とその外の世界には大きなギャップがあるということです。例えば学校では、数学などの科目に代表されるように、正解のある問題に個人で取り組み、その成績が個人を評価する尺度になります。しかし、外の世界で行われているのはその真逆、正解のない問題にグループで取り組むことです。当然勉強についての成績だけではなく、コミュニケーション能力や体力などさまざまな尺度から評価されます。学校の外の世界は、正解も一元的な尺度もない多様な世界なのです。

　そこでみなさんには、いまのうちから学校の枠を飛び出して、外の世界を見てほしいと思います。まずは幅広いジャンルの本や映画に触れたり、ボランティア活動をすることから始めて、次第に長期休みに国内1人旅や海外留学などにも挑戦してみるといいでしょう。インターネットで調べれば、中高生が挑戦できることは意外とたくさん出てきます。とにかく成績という尺度や先入観を排して、自分とは何者か、他人がなにを考えて生きているのか、世界にはどんな矛盾と希望があるのかを自分の目で見て、心で感じることが肝心です。そうするなかで、多様性という言葉の真の意味が理解でき、自分の適性や本当にやりたいことも見えてくるはずです。

　私は学校自体を否定するわけではありません。むしろ中高時代は学校を存分に活用し、勉強や部活動を頑張るべきだと考えます。私も中高時代、与えられた問題をだれよりも真面目に解く努力をしました。東大合格もその努力の賜物ですし、身につけた努力の仕方は一生役立つと確信しています。

　ただみなさんには、かつての私のように、単に学校の勉強をこなすだけの勉強職人になってほしくないのです。自分の頭を鍛えるのは当然のこととして、世界の多様性を真に理解し、そこで自分になにができるか考えられる人であってほしいのです。偉そうなことを言いましたが、私も最近やっとそのことに気づき、一歩を踏み出したばかりです。目の前のことを頑張りつつ広い視野を持ち、充実した人生を歩んでいきましょう！

ゆっぴーの大学生活

「中高生には学校外の世界にも触れてほしい」。この思いを胸に、大学最後の1年をかけて取り組みたいのが、鹿児島県長島町で定期的に開催されている「獅子島の子落とし塾」という高校生向けの1泊2日の勉強合宿です。勉強合宿といっても、勉強するだけではありません。大学生との会話、地元民家への宿泊、満天の星空観察など、いつもとは違う環境で自分と向きあえる仕掛けをたくさん用意しているイベントです。

　じつはいま、こうした高校生向けの企画が増えてきています。例えば、「世界中から高校生と大学生、社会人が集まり、多様性あふれる環境の中で主体的な進路選択と将来設計について考える」というコンセプトのHLABというサマースクール。日本人大学生のほかハーバード大などの海外有名大学の学生も参加するため海外への進学を検討している人には最適ですし、国内開催で参加費が安めなため、留学はできないけど外国の雰囲気を感じたい人にもおすすめです。高校生になったらこうした企画に応募して、学校とは違う新しい世界を楽しんでみてください！

獅子島の子落とし塾にて高校生と

現役東大生・ゆっぴーに答えてほしい質問を大募集！
あなたの質問にゆっぴーが答えてくれるかも？

QRコードからも!!

あて先　〒101-0047 東京都千代田区内神田2-4-2 グローバル教育出版　サクセス編集室
FAX：03-5939-6014　e-mail：success15@g-ap.com　まで質問をぜひお寄せください！

読めばバッチリ

高校入試の案内板

これから受験生になる、中１・中２のみなさんに
知っておいてほしい高校入試の基本をまとめました。
入試の仕組みやどんな観点から志望校を選べばいいのかなど、
役立つ情報が盛りだくさんです。

知っておきたい高校受験のイロハ

入試形態や入試の手続きなど、受験生として
知っておきたい基本事項をお伝えします。

志望校を選ぶために

国立・公立・私立といった学校の違いなど、志望校を選ぶ際に
チェックしたい項目を見てみましょう。

これからの高校入試で求められる力

大学入試改革に伴って高校入試で必要とされる力とはどんなものか、
安田教育研究所の安田理代表に聞きました。

高校入試の基本用語集

本文中に出てくる高校入試の基本用語を詳しく説明します。
取り上げる用語は本文中で太字になっています。

知っておきたい高校受験のイロハ

高校受験をするにあたって、
受験勉強以外に知っておきたいことがあります。
その基本的な知識についてご紹介します。

まずは入試形態について知ろう

高校受験に際して知っておかなければならないことはたくさんありますが、まずは入試形態について知りましょう。国立校・公立校・私立校それぞれで入試形態は異なります。

国立校は、基本的に独自問題で、5教科で実施される学校がほとんどですが、一部筆記試験に加えて**面接**を行う学校、国語・数学・英語の3教科のみの学校などがあります。さらに調査書も合否に関係してきます。

公立校は各都県で日程や検査内容に違いがあります。

まず、東京・神奈川・千葉・埼玉の首都圏4都県で、神奈川・千葉・埼玉は一般入試（以下、一般）のみですが、東京は一般と推薦入試（以下、推薦）の2つの形態があります。

一般のみの3県のうち、神奈川と埼玉は入試機会も一度のみで、神奈川は国語・数学・英語・社会・理科の5教科+調査書+面接に特色検査（実技検査・自己表現検査）が学校ごとに加わり、埼玉は5教科+調査書のみ、またはそこに実技検査や面接が学校ごとに加わります。

千葉の一般は前期と後期に分かれており、前期で不合格だった場合に後期にもチャンスがあります。検査内容は前期が5教科+調査書と面接や作文、自己表現など、後期が5教科+調査書です。また、前期の方が募集人数が多いのが一般的です。

そして東京は、一般が第1次募集・分割前期募集と第2次募集・分割後期募集の2度に分けて実施されます。検査内容は1次・分割前期が5教科+調査書と面接・作文・実技など、2次・分割後期が国・数・英の3教科+調査書と面接・作文・実技などです。

推薦は一般に先がけて1月下旬に行われます。「一般推薦」と「文化・スポーツ等特別推薦」の2つがあり、検査内容は**集団討論**・個人面接・小論文・実技検査などを学校ごとに組み合わせて課されます。これに調査書点が加わって合否が判断される形です。学力検査はありません。

4都県とも、都県ごとにどの学校も入試日自体は同一ですので、受けられる公立校は1校です。千葉、東京は後期や二次募集がありますが、実質的に1校を狙った入試になります。また、試験問題も一部を除いて都県ごとに共通問題が使用されます。

さらに公立校では、東京で2016年度（平成28年度）入試から一部の学校を除いて学力検査にマークシ

【表1】2016年度公立校入試日程・検査内容

	東京	神奈川
日程	【推薦】1月26・27日 【一般】第1次募集・分割前期募集 2月24日／第2次募集・分割後期募集 3月10日	学力検査：2月16日 面接・特色検査：2月16日〜18日の学校指定日
検査内容	【推薦】調査書＋集団討論・個人面接・小論文・実技検査など 【一般】第1次募集・分割前期募集／国・数・英・社・理＋調査書＋面接、作文（小論文）・実技など 第2次募集・分割後期募集／国・数・英＋調査書＋面接、作文（小論文）・実技など	国・数・英・社・理＋調査書＋面接 または 国・数・英・社・理＋調査書＋面接＋特色検査（実技検査・自己表現検査）
備考	面接等の実施は学校により異なる。	特色検査実施の場合、3教科になる場合あり。特色検査は学校により異なる。 ※クリエイティブスクールの場合は学力検査施行なし。

	千葉	埼玉
日程	前期：2月9日・10日 後期：2月29日	学力検査：3月2日 実技・面接：3月3日
検査内容	前期：国・数・英・社・理＋調査書＋2日目検査 後期：国・数・英・社・理＋調査書	国・数・英・社・理＋調査書 または 国・数・英・社・理＋調査書＋実技 または 国・数・英・社・理＋調査書＋面接
備考	前期の2日目検査は、面接・自己表現・適性検査・作文など学校により異なる。後期は面接等を実施する学校もある。	学校により実技・面接を実施。

ート方式（解答の番号を塗りつぶす方式）が採用されるなど、検査の内容や採点方法についての変更が行われることがあります。もちろん直前になって急に変わるわけではなく、事前に告知されますが、公立校の受験を考えている人は、受験学年に近づくにつれ、そういった情報を知っておくことが合格へとつながる要素の1つになるでしょう。

日程、試験内容が学校ごとに異なる私立

　私立校は、日程・試験内容などが学校ごとに異なるのが特徴です。試験の開始日こそ都県ごとに決まっていますが、それ以降の日程であれば各学校で決められるため、重複していない学校を複数受験することが可能になります。入試形態は一般のみと、一般・推薦両方で実施される学校とがあります。入試日も1日のみ、複数など、学校それぞれです。

【表2】2016年度私立校入試日程

東京	推薦入試　1月22日以降
	一般入試　2月10日以降
神奈川	推薦入試　1月22日以降
	一般入試　2月10日以降
千葉	1月17日以降
埼玉	1月22日以降

　試験内容は国・数・英の3教科受験が多いですが、5教科で実施する学校や面接を課す学校もあります。入試問題ももちろん独自のものですから、受験する学校ごとに対策をとらなければなりません。

　こうしてみると、国立校や公立校を志望しない人にとっては、国・数・英の3教科だけを勉強すればいいと思えるかもしれません。しかし、高校では当然社会や理科の勉強はしなければなりませんし、大学入試や、さらには社会に出たあとにも必要になるものです。

　ですから、私立校が第1志望だったとしても、中学での3年間、社会と理科も怠ることなく勉強しておきましょう。

　高校受験対策のために多くの受験生が受けるのが「模擬試験」、通称「模試」です。大手塾を中心に、さまざまな時期に行われていますので、積極的に受けてみることをおすすめします。

　ここまでに出てきた言葉のなかで、「調査書」というものがあります。これはいったいなんでしょうか。

　調査書とは、いわゆる「内申」のことで、中学3年間の成績などをもとにして作成されます。推薦はもとより、公立校では一般でも調査書点が一定の割合で合否にかかわってきますから、当日の検査さえよければ合格できるというものではないということです。

高校入試において必要な手続きは

　さて、実際にみなさんが受験学年となり、志望校を受験するとして必要になるのが「出願」です。出願とは、その学校を受験するための手続きで、学校所定の「入学願書」に記入し、決められた日時に提出します。いくつか学校を受ける場合には、それぞれに入学願書が必要ですから、書き間違ったり、提出する学校を取り違えたりしないようにしなければなりません。

　また、複数の学校を受けることを「併願」といいます。さらに合格した場合には必ずその学校に入学することを「単願」または「専願」といいます。推薦も合格したらその学校に入学することになるのですが、近年は私立において、他校との併願を認める「併願推薦」という形態も増えています。

　こうした制度も公立校の場合は都県ごと、私立校の場合は学校ごとに違いがありますので、しっかりと自身で確認してください。

　高校に通うために必要な「学費」も、国立校・公立校・私立校それぞれで違いがあります。授業料・入学金・施設設備費などを合わせたものを学費といい、国立校や公立校よりも私立校が高く、私立校は初年度の納入金の平均が71万５６４４円、国立校が17万１６００円、一番少ないのが公立校で12万４４４１円となっています（２０１４年度・文部科学省ＨＰより）。

　この数字を見ると、私立校の学費が高いことがわかりますが、近年は国による高等学校就学支援金制度や都県ごとに用意されているさまざまな助成制度があります。こうした制度を利用することで、各家庭の金銭的負担を減らすことができます。

　これから高校入試に向かっていくみなさんにとって、この項で紹介したことは、保護者任せではなく自分自身でも知っておいてほしいことです。こうした知識をいまから身につけ、高校受験に備えましょう。

志望校を選ぶために

**志望校を決定するためには、
まずどのような種類の学校があるのかを知ることが大切です。
そのうえで、第１志望校、併願校を選ぶ際のポイントをお伝えします。**

国立・公立・私立…
第1志望をどうするか

まず決めたいのが国立校・公立校・私立校のうちどれを第1志望にするかです。というのも、前ページで述べたようにそれぞれ入試形態が異なるため、どれを第1志望にするかで受験準備の仕方も変わってくるからです。効果的に準備を進めるためにも、夏休み前までに大まかな方向性を決め、11月初旬までに最終的な志望校を決められると安心です。

国立校はすべて国立大学の**附属校**です。首都圏で高校募集を行う学校は9校（うち2校の募集は若干名、および帰国生のみ）しかなく、募集人員も少ないため、入試難易度は高くなる傾向があります。

公立校には首都圏では都県立と市立が存在します。各都県とも大学進学に力を入れて指導する高校を進学重点校（呼び名は各都県によって異なる）として指定しており、これらの高校は毎年人気校となっています。

私立校は学校ごとに掲げられた独自の建学の精神や教育目標に沿った教育を行います。そのため、各校とも異なる個性を有しており、自分にぴったりな校風の学校を選ぶことも可能です（64ページ参照）。

偏差値や学費だけを見て
進路を狭めないで

志望校を選ぶ際、いまの偏差値を基準にしてしまいがちですが、あまりおすすめできません。

なぜなら、高校受験では、部活動を引退したり、塾の夏期講習を経たりして、夏以降に学力が伸びる生徒が多くいるからです。現段階では偏差値が届いていない学校に合格する可能性も十分ありえます。

加えて、**偏差値**だけで志望校を決めてしまうと、入学後にこんなはずではなかったというギャップを感じるかもしれません。志望校選びで最も大切なのは、その学校が自分に合っているかどうかです。偏差値はあくまでも1つの指標として考慮する程度にとどめておきましょう。

とは言っても、実力よりも偏差値が上の学校を志望するのは勇気がいることでしょう。そんなときは、現時点では学力が足りない学校を本命のチャレンジ校として、それより偏差値が下の学校を階段状に何校か選んでみてください。例えば、十分に実力が届くであろう実力相応校、確実に合格できそうな滑り止め校、というようにです。同じような偏差値の学校を数校受けるより、階段状に受けていく方が確実に合格できます。

また、おもに税金で運営される国立校、公立校に比べ、生徒の学費で運営される私立校は費用の面で家庭の負担が大きく、国立校、公立校でも払う入学料、授業料に加えて、施設設備費等の諸費用も必要です。学費が安いぶん、国立校、公立校の方が魅力的に見えるかもしれませんが、私立校には費用に見合うだけの充実した教育内容や施設が整っています。

さらに私立校には特待生制度を設けている学校もあり、国では高校就学支援金制度を、各都県でも助成金制度を整えているので、私立校への進学を希望する場合はそうした支援もチェックしてみましょう。

細かな項目を
1つずつチェック

続いて、志望校を決める際にチェックしてほしい項目を説明します。

☑ 通学時間

一般的に、通学時間は家を出てか

ら学校に着くまでの片道90分程度までが限度だと言われています。電車通学する場合は通勤・通学ラッシュに巻き込まれ、長時間立ったまま…ということも考えられます。学校に着く前に体力を大幅に消耗してしまっては学校生活も楽しめません。

　しかし、それも知ったうえで、「どうしてもここに入りたい」という学校にめぐりあえたのであればある意味では幸せなことです。高校生になったらいまより体力的にも強くなっている可能性を信じて、チャレンジしてみるのもいいかもしれません。

✓ 校風、学校文化

　独自の教育理念に沿って教育を実践する私立校はもちろんのこと、国立校や公立校でも、多種多様な学校文化が根づいています。「面倒見がいい」「自主自律の精神を養う」「行事や部活動にも熱心に取り組む文武両道校」など、学校の数だけ学校文化があるのです。自分に合うのはどんな特徴の学校なのか、よく考えましょう。

✓ 男子校、女子校、共学校

　私立校には、男子校、女子校、共学校という区別があります。共学校のなかには、**別学校**という形態も存在します。国立校、公立校の多くは共学ですが、一部、男子校、女子校もあります。

　男子校や女子校は同性同士、異性の目を気にすることなく1人ひとり個性を存分に伸ばすことができますし、共学校は男女それぞれの違いを実感し、互いに認めあいながら生活できるというメリットがあります。

✓ 大学進学

　先ほども述べたように、国立校はすべて国立大の附属校ですが、原則的にその大学への推薦制度はないので、他校の生徒と同じように大学受験に臨みます。系列大学を持たない公立校の生徒も同様です。

　一方私立には、推薦制度によって系列の大学へ進学できる附属校が存在します。しかし、推薦で進学できる人数や学部の定員などは各校で異なるので、事前によく調べておかないと、希望学部への進学がかなわないこともあるので注意しましょう。なお、附属校であっても他大学へ進学する生徒が多い**半附属校**といわれる学校もあります。

　大学進学実績もつい気になってしまう項目ですが、その数値はあくまでも先輩たちの結果です。自分の努力次第で未来は変わってくるのですから、合格実績だけに振り回されないよう気をつけたいところです。

✓ 宗教系の学校

　キリスト教や仏教、そのほかの宗教など、私立校には宗教法人が母体となる学校が存在します。宗教理念を教育の柱として豊かな人間性を育むことを目的としているので、信者でなくても入学は可能です。ただ、各宗教の教えにしたがった、宗教的な行事がある場合もあります。

✓ 特色ある教育

　SSHや**SGH**の指定校、理数科や国際科、**国際バカロレア**クラスを設置する学校など、国立校、公立校、私立校にかかわらず、各校である分野に特化した特徴的な教育を行っています。私立校の場合、めざす進路別や学力別に複数のコースを設置している学校も多いです。

　そのほかにも、附属校であれば、高大連携教育を行ったり、大学の施設を利用できたりもします。公立校もSSHやSGHの活動をはじめ、さまざまな大学と連携しているところが増えてきています。

最終的な決断は　学校に足を運んでから

　候補をいくつか選べたら、各校が開催する**学校説明会**やオープンスクールなどの受験生用のイベントをはじめ、文化祭、体育祭などの公開行事に積極的に参加しましょう。学校の情報は学校案内やホームページなどからも得ることができますが「百聞は一見にしかず」です。紙面上やネット上ではわからない学校の雰囲気や在校生の普段の様子を自分の目で見ることが大切です。実際に学校を見てみて、それから志望するかどうかを決めるようにしてください。

　もちろん併願校として考えている学校にも足を運びましょう。もしかしたら自分がそこに通う可能性もあるのです。第1志望校と同じような姿勢で参加しましょう。

　また、高校生活が想像できないため志望校選びが進まない人は、まず知っている高校に行ってみることをおすすめします。受験生であることを伝えれば学校案内をもらえますし、校内を案内してくれる可能性も。足を踏み入れることで高校を身近に感じられれば、入学後の自分が想像できるようになるかもしれません。

これからの高校入試で求められる力

安田教育研究所 代表
安田 理

2020年からの大学入試改革の影響は大学受験にとどまらず、高校受験にもおよぶのでしょうか。安田教育研究所の安田代表にポイントを教えていただきました。

2020年の大学入試改革は高校入試には関係ない？

　大学入試をはじめ、高校教育、大学教育を含め、教育が大きく変わろうとしています。そうしたなか、高校入試も変わるのでしょうか。また、受験生はどんな力をつけておけばいいのでしょうか。

　大学入試改革の実施は、2020年（平成32年）を予定しています。つまり、現在の中学2年生が大学受験の年から新しい大学入試制度となります。

　「いま盛んに論議されているのは大学入試改革だから、高校入試には関係ない」と思っていませんか。しかし、入試というものは、大きな方向に向けて少しずつ試行しながら変わっていくものなのです。まずそうした気持ちで、いま起きている変化に関心を持ってください。

新テストの問題イメージから見えてくること

　昨年末に、2020年から導入される新テストの問題イメージが、文部科学省から公表されました（56ページ参照）。中学生のみなさん、そして保護者のみなさんはご覧になったでしょうか。今回の問題イメージは、国語3問と数学1問で、従来のマークシート方式に加え、新たに記述式で出題される部分のサンプルでした。

　今回の問題イメージから見えることを整理してみましょう。

・これまでの大学入試センター試験で問われていた知識的なものがなくなるわけではない。依然としてこの部分の比重は大きい

・2020年段階では長文ではないが、記述式の出題が加わる

　ということは、当然ながら両方の対策が必要になるということです。

　「大学入試の話でしょ」と思っている方がいらっしゃると思いますが、高校側の立場で考えてみてください。大学入試がこうした方向に変わるなら、そうした入試で結果を出してくれそうな生徒に入学してほしいと、高校側は考えるのではないでしょうか。そうなれば、今後高校入試問題も同じような方向に変わっていくのは間違いのないところです。

各教科の知識を育むと同時に「思考力」「記述力」をつける

　大学入試改革の論議の過程では、合教科・合科目（複数の教科、複数の科目にまたがる融合問題）の出題も検討されていました。しかし、今回の公表ではそこまでは踏み込んでいません。ですので、出題はこれまで通り教科ごとに行われます。高校入試も当然そうなりますから、学校の授業をきちんと受け、各教科の知識はしっかりと身につけることが大切です。

　先の問題イメージでは記述式が出ることがポイントでした。高校入試ではすでに記述問題が出されていますが、その比率がより高まると考える必要があります。また、単に書くのではなく、自分の意見、考えを書かせるという方向が強まります。

　ですからそのためには、受験生自身が普段の生活から、自分で考え、意見を言えるようにしておくことが欠かせません。

　保護者の方も、ご家庭の会話のなかで、極力「あなたはどう思う？」「あなただったらどうする？」といった問いかけをしていただきたいと思います。机に向かってテキストを開いているから安心とお子さんに勉強を任せているだけでなく、日常生活のなかで親が協力することが、これからの高校入試では活きてくると思ってください。

高校入試の基本用語集

これまでのページで高校入試の基本をつかむことができたでしょうか。
本文中に出てきた高校入試の基本用語を詳しく解説します。

面接

推薦入試で多く行われ、一般入試で実施する学校もあります。面接では、入学への意欲、入学した場合にうまく学校生活を送れるかどうかといったことが見られます。入学前に面接官である先生と話すことができるので、学校との相性を見極められる機会でもあります。

集団討論

2013年度（平成25年度）から都立高校の推薦入試に導入された検査方法です。あるテーマについて、5～7人で討論を行います。おもに、意欲、コミュニケーション能力・協調性、表現力、思考力、リーダーシップが評価のポイントとなります。

偏差値

ある一定集団（模試を受けた受験生全体など）のなかで、学力レベルがどのくらいの位置にあるかを割り出した数値。通常25～75の数値で示されます。あくまで目安の1つですが、志望校への合格可能性を探るための参考になります。

別学校

共学校の一種ですが、男女別々に学校生活を送ります。授業は別々で行事は合同、または授業も行事も別々など、学校によって異なり、首都圏では、國學院大久我山や桐蔭学園、桐光学園などが別学校です。

附属校

大学に附属する高校のこと。11ページでも述べたように、国立大の附属校は大学進学において優遇制度はなく、私立大の附属校では、推薦によって進学できる学校があります。推薦制度がある場合、大学受験に縛られることなく、伸びのびとした高校生活を過ごせることが大きなメリットですが、その場合は、大学に学びたい学部があるかどうかなど、高校受験の段階で大学進学までしっかりと考える必要があります。

半附属校

進学校的な附属校のことで、半進学校とも呼ばれます。系列大学以外への進学を希望する生徒が多く、そのための受験体制もしっかりと整えられています。

SSH（スーパーサイエンスハイスクール）

将来の国際的な科学技術関係人材を育成するため、先進的な理数教育を実施する、文部科学省によって指定された学校です。指定期間は5年。指定校は、実験器具なども充実し、高度な研究を行える環境が整えられています。理数分野に興味がある人におすすめです。

SGH（スーパーグローバルハイスクール）

2014年度（平成26年度）から始まった事業で、SSHと同様に、文部科学省によって指定されます。指定期間も同じく5年。社会課題に対する関心と深い教養、コミュニケーション能力、問題解決力等の国際的素養を身につけ、将来国際的に活躍できるグローバル・リーダーの育成が目的です。大学との連携や海外研修など、各校で特色あるプログラムが用意されています。

国際バカロレア

スイスにある「国際バカロレア機構」が提供する国際的な教育プログラム。所定の課程を履修し試験に合格すると、海外を含む大学への入学、またはその受験資格（国際バカロレア資格）が得られます。首都圏の高校募集をする学校では、玉川学園高等部、都立国際が認定校です。

学校説明会

受験生、保護者を対象に、学校の教育理念やカリキュラムなどが話される説明会。ほかにも授業や部活動を体験できるオープンスクール、入試傾向や対策について説明される入試説明会もあります。こうした行事では、学校の雰囲気を実際に肌で感じられるので、受験する学校のものにはできる限り参加しましょう。

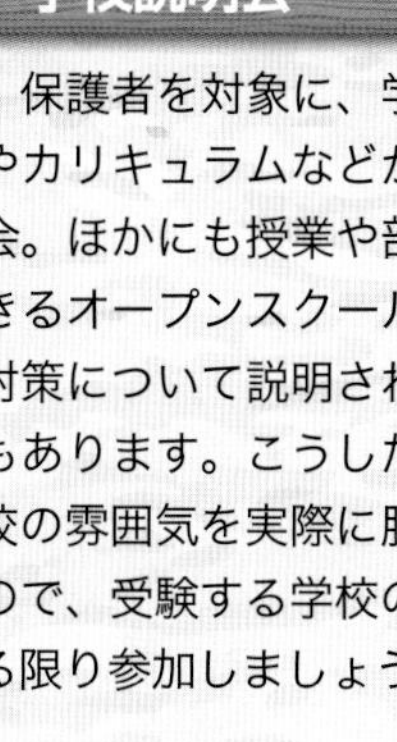

2015年を振り返る

ニュースの時間

2016年が始まって早2カ月が経ちました。ここで2015年の出来事を振り返っておきましょう。押さえておいてほしい重大ニュースはとくに詳しく解説しています。

1月

- 3日 第91回箱根駅伝、青山学院大が初の総合優勝。
- 7日 日本マクドナルドホールディングス、約半年で少なくとも４件の異物混入の苦情があったと発表。
- 15日 第152回直木賞に西加奈子の『サラバ!』、第152回芥川賞に小野正嗣の『九年前の祈り』を選出。
- 20日 イスラム過激派組織ISISによる日本人拘束事件の殺害予告が、YouTubeに投稿される。
- 23日 大相撲初場所、横綱白鵬が史上最多33回目の優勝。元横綱・大鵬の記録を超え歴代最多記録達成。

2月

- 20日 神奈川県川崎市で中１男子殺害事件発生。後日、知り合いの少年３人を殺人容疑で逮捕。リーダー格の１８歳少年を殺人罪、別の少年２人を傷害致死罪で起訴した。
- 26日 イギリスのウィリアム王子初来日。

3月

- 7日 首都高速中央環状線が全線開通。これにより山手トンネルが延伸し、日本の道路トンネル最長記録を更新。
- 14日 北陸新幹線長野駅〜金沢駅間開業❶、上野東京ライン開業。
- 17日 原発計５基の廃炉決定。
- 31日 東京都渋谷区で「同性パートナーシップ条例」成立。同性カップルを公的に認める制度は日本初。

4月

- 4日 全国で皆既月食が観測される。
- 8日 天皇、皇后両陛下が初めてパラオ訪問。戦後70年の節目、「慰霊の旅」として。
- 11日 アメリカのオバマ大統領とキューバのカストロ議長、59年ぶりの会談。両国の首脳会談は国交断絶以来初。
- 22日 首相官邸屋上に小型無人機「ドローン」落下。
- 24日 文化庁、日本遺産18件を認定。❷
- 25日 ネパールで大地震発生。約9000人が犠牲に。

5月

- 2日 イギリスのキャサリン妃が第2子の女児出産。
- 17日 大阪府大阪市を廃止し５つの特別区に分割する「大阪都構想」の是非を問う住民投票実施。結果は否決。
- 29日 口永良部《くちのえらぶ》島新岳で爆発的噴火。全島民に避難指示。噴火警戒レベルが５に引き上げられたのは、警戒レベルの導入以来初。
- ★ 韓国で中東呼吸器症候群（MERS）が流行。

6月

- 1日 サイバー攻撃を受け、日本年金機構の個人情報が流出。
- 7日 ドイツで第41回主要国首脳会議。
- 17日 選挙権の年齢を「20歳以上」から「18歳以上」に引き下げる公職選挙法改正案が参議院で可決成立。❸

中学生のみんなが押さえておきたい重大ニュース

❶ 北陸新幹線開業

北陸新幹線の開業により、東京駅〜金沢駅間は最速2時間28分で結ばれることに。速達型列車の「かがやき」、各駅停車型列車の「はくたか」、富山駅〜金沢駅間で「つるぎ」が運行。2023年には金沢駅より先の敦賀駅までが開業予定。

❷ 日本遺産・世界遺産

後世に残したい文化的価値のある歴史的建造物や伝統芸能を「日本遺産」に認定。第1号の認定は「四国遍路」など18件。1つの地域でなく、複数の地域にまたがるのが特徴。また、「明治日本の産業革命遺産」が世界文化遺産に。通常1カ所の指定だが、今回は多数の施設（23カ所）を一括申請した。これで世界遺産への登録は3年連続となった。

❸ 公職選挙法改正

6月には選挙権を18歳に引き下げる改正案が、また、7月には人口の少ない「鳥取と島根」「徳島と高知」を1つの選挙区にまとめるなど、1票の格差を是正する改正案がそれぞれ成立。今夏の参議院選挙から18歳以上が投票できるようになる見通し。高校3年生も有権者となる。

❹ 平成27年9月関東・東北豪雨

9月には、温帯低気圧になった台風18号と、台風17号から流れ込んだ風の影響で「線状高水帯」が発生し、関東・東北

7月

1日　うるう秒適用。1秒追加される。
5日　「明治日本の産業革命遺産 製鉄・製鋼、造船、石炭産業」が世界遺産に登録。❷
5日　FIFA女子ワールドカップ、日本は準優勝で閉幕。
16日　第153回直木賞に東山彰良の『流《りゅう》』、第153回芥川賞に羽田圭介の『スクラップ・アンド・ビルド』と又吉直樹の『火花』を選出。
16日　フェンシング世界選手権で太田雄貴選手が日本人初の金メダル。
17日　新国立競技場の建設計画白紙に。
20日　アメリカとキューバが国交を回復。
23日　油井亀美也宇宙飛行士、国際宇宙ステーション（ISS）へ。
28日　参議院の選挙区を減らす改正公職選挙法成立。１票の格差、縮まる。❸

8月

11日　川内原発１号機再稼働。
15日　第二次世界大戦終結から70年。
19日　「こうのとり5号機」が打ち上げられる。
23日　同日上野駅到着分をもって臨時寝台特急「北斗星」の運行終了。ブルートレインの半世紀以上の歴史に幕を閉じる。
24日　「こうのとり5号機」が国際宇宙ステーション（ISS）に到着。

9月

1日　東京五輪エンブレム白紙撤回。
8日　自由民主党総裁、現職の安倍晋三氏無投票再選。
10日　関東地方、東北地方で記録的大雨。鬼怒川が決壊するなど甚大な被害となる。❹
14日　熊本県・阿蘇山で噴火が発生。
19日　安全保障関連法案（集団的自衛権の限定的な行使容認を含む安全保障関連法案）が参議院本会議で可決、成立。
30日　ロシアがシリアで空爆開始。

10月

5日　TPP、大筋合意。❺
5日　共通番号制度関連法を施行、マイナンバー制度スタート。❻
5日　大村智・北里大特別栄誉教授がノーベル生理学・医学賞受賞。❼
6日　梶田隆章・東京大宇宙線研究所長が物理学賞受賞。❼
11日　ラグビーW杯イングランド大会、日本が初の１大会３勝目をあげる。❽
14日　旭化成建材の地盤データの改ざんが発覚。
15日　国際連合安全保障理事会の非常任理事国に日本が選ばれる。2009年～2010年以来、11回目の選出。
28日　体操・世界選手権で男子団体が37年ぶりの優勝。
29日　中国「一人っ子政策」の廃止決定。

11月

11日　国産初のジェット旅客機「MRJ（三菱リージョナルジェット）」が初飛行に成功。
13日　パリ同時多発テロ事件発生。ISISが犯行声明。
13日　ミャンマー総選挙、アウン・サン・スーチー氏率いる野党が圧勝。半世紀以上にわたる軍政に幕。
30日　漫画家の水木しげるさん死去。

12月

6日　仙台市内を横断する市営地下鉄東西線が開業。
7日　中国・北京市、大気汚染深刻化　「赤色警報」初発令。
10日　小型無人機「ドローン」の飛行を規制する改正航空法が施行。
11日　台風27号発生、フィリピンで73万人以上が避難。台風が年間で毎月発生したのは1951年の統計開始以来初。
12日　第21回気候変動枠組条約締約国会議（COP21）にて2020年以降の地球温暖化対策となる「パリ協定」を採択。
31日　理化学研究所仁科加速器研究センター超重元素研究グループが発見した「113番元素」を国際機関が新元素であると認定。命名権が与えられる。

地方で激しい雨が降り続けた。気象庁は同月10日に栃木県と茨城県、11日に宮城県に大雨特別警報を発令。

❺ TPP大筋合意へ

２０１０年から交渉が続けられていた環太平洋パートナーシップ協定（ＴＰＰ）が大筋合意に達した。ＴＰＰに参加するのは日本を含め12カ国。農産品をはじめとする多くの貿易品の関税が段階的に引き下げられるか撤廃されることに。

❻ マイナンバー制度

国民1人ひとりに12けたの番号（マイナンバー）を割り振ることで、個人情報を一括管理する制度。10月から通知カードの配布が始まり、２０１６年1月から本格利用が開始。社会保障や税の手続きが簡略化するほか、年金の不正受給などを防ぐ役割も期待されているが、個人情報の流出が懸念されるなど課題も多い。

❼ 日本人2名がノーベル賞受賞

「線虫の寄生によって引き起こされる感染症に対する新たな治療法に関する発見」により大村智氏が生理学・医学賞を、「ニュートリノが質量をもつことを示すニュートリノ振動の発見」により梶田隆章氏が物理学賞を受賞。

❽ ラグビーワールドカップ

9月から始まった第8回W杯。日本は1次リーグ初戦で過去2回の優勝を誇る南アフリカに34－32で逆転勝ちを果たす。歴史的勝利として国内および海外でも話題に。惜しくも決勝リーグ進出は逃すも1大会で3勝は過去最高の勝利数。次回、２０１９年大会の開催地は日本。

SCHOOL EXPRESS

慶應義塾高等学校

Keio Senior High School

神奈川県　私立　男子校

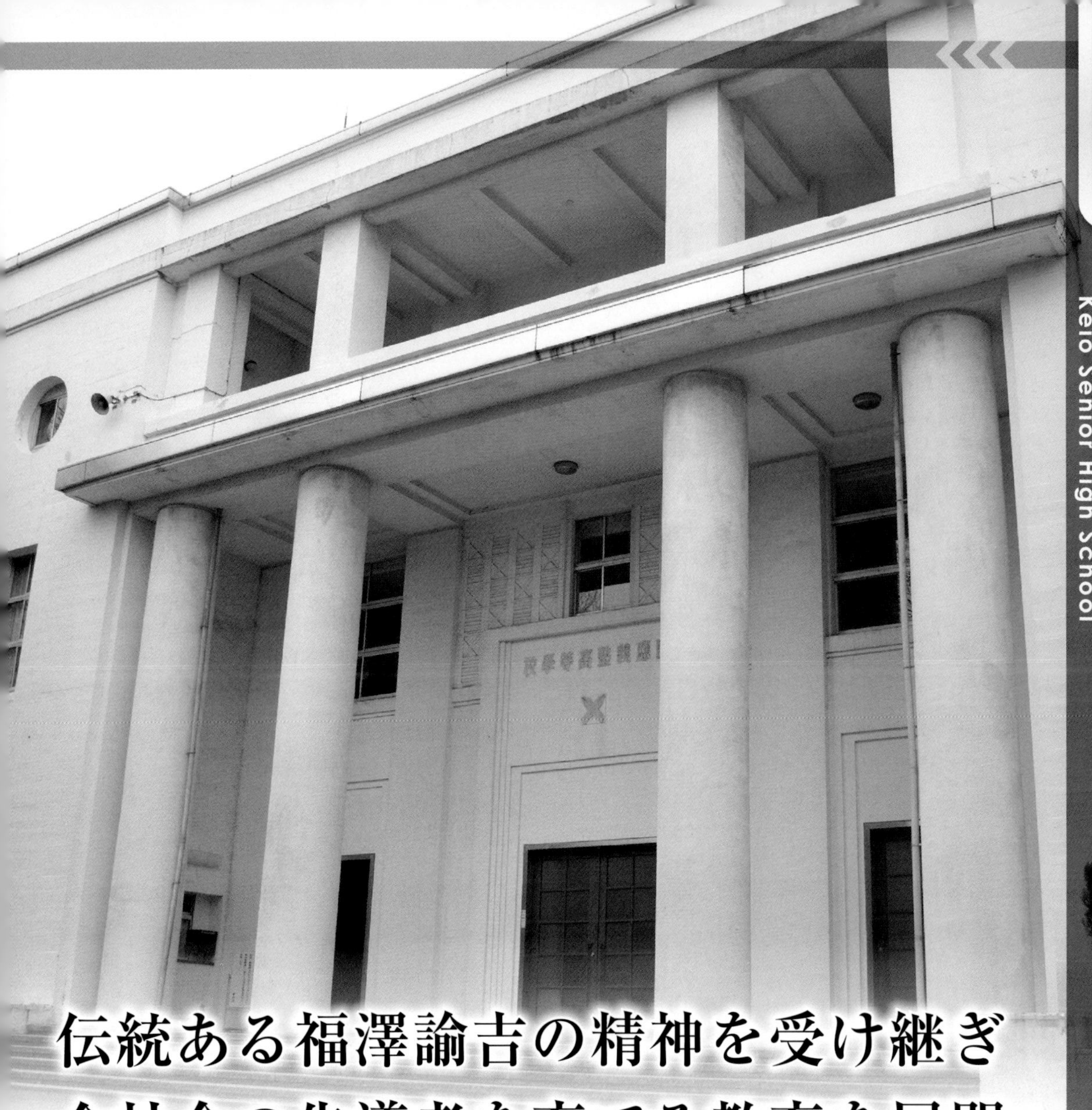

伝統ある福澤諭吉の精神を受け継ぎ 全社会の先導者を育てる教育を展開

慶應義塾大学がある日吉キャンパスに校舎をかまえる慶應義塾高等学校。創立当初から受け継がれている福澤諭吉の精神を大切に、選択旅行や卒業研究など、独自の教育を展開しています。生徒たちは恵まれた環境のなか、大学受験に縛られず、自由で伸びのびとした学校生活を送っています。

羽田《はだ》 功《いさお》 校長先生

慶應義塾の理念を基に 歴史を切り拓く人材を育成

慶應義塾高等学校（以下、慶應義塾高）は、１９４８年（昭和23年）に設立された慶應義塾第一高等学校と慶應義塾第二高等学校が１９４９年（昭和24年）に統合され、慶應義塾高等学校と改称されたのを始まりとします。現在使われている白亜の外観を持つ校舎は、１９３４年（昭和9年）に慶應義塾大の予科校舎として竣工されたものです。

慶應義塾の一貫教育校として「福澤精神に則り、独立自尊の気風にとみ、自主性と気品を重んじ、将来『全

学校施設

図書室

南側グラウンド

蝮谷《まむしだに》体育館器械体操場

日吉記念館

廊下に並べられた標本の数々

プラネタリウム

広々とした体育館やグラウンド、職員手作りのポップが目を引く図書室など、充実した施設が整えられています。2018年（平成30年）に迎える創立70周年に向けて、新たな施設も竣工される予定です。

社会の先導者』となる人材の育成」を教育目的に掲げています。

羽田功校長先生は「慶應義塾の理念は『独立自尊』『気品の泉源』『智徳の模範』『躬行《きゅうこう》実践』といった福澤諭吉の言葉で表されます。リーダーとなるためには、品性を磨き、智、徳を身につけた他者の模範となる人間になり、社会に貢献していくことが求められるのです。私の好きな福澤の言葉に、自分が歴史を切り拓いていくことを意味する『自我作古《じがさっこ》』という言葉があります。慶應義塾生が新時代を作るという気概は、福澤の時代から伝統としてあったのでしょう。本校もその伝統を受け継ぎ、グローバル社会で先導者となる人材を育成する教育を展開しています。

私がよく生徒に話すのは、自分で立つ力『自立力』と自分をコントロールできる力『自律力』が大事だということです。また、相手を尊重しながら自分の考えを伝え、相手のことも理解する『社交力』も大切です。この3つをバランスよく身につけてほしいです」と話されました。

幅広い分野を学び確かな教養力を培う

1学年に18ものクラスがある慶應義塾高。慶應義塾普通部、慶應義塾中等部から進学してくる内進生と、高校から入学する高入生が1年次から同じクラスで学びます。内進生には、幼稚舎からあがってきた生徒と、普通部・中等部から入学した生徒、高入生には一般入試、帰国生入試、推薦入試を経てきた生徒がいます。こうした多彩な生徒たちが切磋琢磨しながら、慶應義塾高生へと成長していくのです。

カリキュラムは、1・2年次に基礎学力をつけることが重視され、3年次には進路方向によって選択科目が設けられています。

羽田校長先生は「特定の分野に偏らず、幅広く豊かな知性と教養を獲得できるようなカリキュラムにしています。生徒には、将来リーダーとして、例えばある問題が起きたとき、どういった分野の問題であるか、どういった内容の問題であるかを理解できるようになってほしいと思っています。そのためには、幅広く学ぶことが必要です。あらゆる分野に共通した学問の土台となる教養、私はこれを教養力と呼んでいますが、どれだけの教養力を3年間で身につけられるか、それがその後の人生の土台を作っていくと思って高校生活を過ごしてほしいですね」と話されました。

慶應義塾ならではの選択旅行・卒業研究

慶應義塾高の特徴的な教育プログラムとして、長期休暇に行われる選択旅行と3年次の卒業研究があげられます。

選択旅行は、3年間で4回行われ、1回以上の参加が義務づけられています。各回10前後のさまざまなコースが用意され、自分の関心に応じて参加するコースを選択できます。

「本校は生徒の人数が非常に多いので、普段教室や部活動では顔を合わせないような生徒たちと、いっしょの時間を共有する機会を作りたいと

いう思いから選択旅行を行っています。」（羽田校長先生）

卒業研究は、高3の1年間をかけて取り組みます。各教科で用意された多様な講座のなかから、知的興味や関心に沿って講座を選択し、最終的に論文や作品・実験記録などにまとめます。優秀な論文は優秀卒業研究論文集としてまとめられます。2015年度（平成27年度）卒業生のものには「〈神の愛〉と人間の在り方」（言語・文学）、「視覚における大きさの恒常性」（理科）、「アメリカンフットボールにおけるテーピングの目的と影響」（保健・体育）などがありました。「今年は、美術の分野で好きな画家について調べ、そこから触発されて絵を描いた生徒もいるようです」と羽田校長先生。卒業研究を通じて、生徒たちは、問題発見能力・問題解決能力・思考力・表現力などの総合的な知性を養っていきます。

第2外国語が必修 魅力的な留学制度

慶應義塾高では、2年次に第2外国語を学ぶことが義務づけられています。これは英語以外の言語を扱う能力が、将来国際的な場で活躍するための基礎教養となりつつあると考えられているからです。ドイツ語・フランス語・中国語のうち1つを選び、希望すれば3年次にも続けることができます。

留学制度としては、慶應義塾高が独自で行っているイギリスのキングス・カレッジ・スクール、アメリカのボールズ・スクール、そして2015年に新たに協定を結んだアメリカのセント・ジョン・ボスコ・ハイスクールとの短期留学があります。

また、2014年度（平成26年度）から始まった「慶應義塾一貫教育校派遣留学制度」も魅力的です。アメリカの高校でトップ校といわれるディアフィールド・アカデミー（高2）、ザ・タフト・スクール（高2）、フィリップス・アカデミー・アンドーバー（高3）、イギリスのトップ校といわれるウィンチェスター・カレッジ（高2）とシュルーズベリー・スクール（高2）との間で行われます。慶應義塾の一貫教育校である4高校から数名が選出され、渡航費・滞在費・学費を慶應義塾が負担するという充実した内容です。期間は10カ月～1年間ですが、帰国後、原則として留年することなく進級することができます。フィリップス・アカデミー・アンドーバーのコースは、指定されたコースを修了すること

行事

学年ごとにクラス対抗で戦う球技大会、2日間で約1万人が訪れる日吉祭（文化祭）など、大規模校ならではのスケールの大きな行事が行われています。どの行事も大いに盛りあがります。

球技大会・野球

球技大会・バレーボール

球技大会・サッカー

陸上運動会

卒業式

日吉祭

選択旅行

選択旅行は、ほかの学年やほかのクラスの生徒と交流できる貴重な機会です。国内のさまざまな地域を訪れる多彩なコースが用意されます。

沖縄本島

北海道（道東）

四国

クラブ活動

クラブ活動の参加率は約9割です。全部で74の団体があり、航空部や馬術部といった珍しい部もあります。

空手部

剣道部

バドミントン部

卓球部

で、フィリップス・アカデミー・アンドーバーと慶應義塾高の両方の卒業証書をもらうことが可能で、慶應義塾大はもちろん、アメリカの大学へ進学することもできます。慶應義塾高生は、2014年（平成26年）から2年続けて、ウィンチェスター・カレッジに派遣されています。

大学受験に縛られず自由な学校生活を送る

慶應義塾大と同じ日吉キャンパスにある慶應義塾高。図書館や生協などの大学施設を利用できるとともに、高大連携教育も行われています。経済学部の教授から経済学を学ぶことができたり、大学生といっしょに商学部の講義を受けることができます。高校時代から一足先に大学の学問や研究に触れることが将来の学びへとつながっていくのでしょう。

慶應義塾大への推薦は、本人の希望が重視されながら、3年間の成績などが総合的に評価されて、進学する学部が決められていきます。

大学受験に縛られず、人生の土台となる教養を身につけることができる慶應義塾高等学校。

最後に羽田校長先生は「本校は自由な学校です。生徒をあまり縛らず、自主性を育む教育を展開していきたいと考えています。自分をコントロールしながら自分自身を育てていけると同時に、学ぶことが、自分だけではなく、将来社会のためにもなるという気持ちを持って勉強できる生徒さんに来てほしいです。そうした生徒さんであれば、本校にフィットした学校生活を送れると思います」と締めくくられました。

School Data

所在地	神奈川県横浜市港北区日吉4-1-2
アクセス	東急東横線・東急目黒線・横浜市営地下鉄グリーンライン「日吉駅」徒歩1分
生徒数	男子のみ2124名
TEL	045-566-1381
URL	http://www.hs.keio.ac.jp/

2学期制 ／ 週5日制 ／ 月・火・水・金6時限、木7時限 ／ 50分授業 ／ 1学年18クラス ／ 1クラス約40名

2015年(平成27年)3月卒業生 慶應義塾大進学状況

学部名	進学者数	学部名	進学者数
文学部	20	総合政策学部	20
経済学部タイプA	140	環境情報学部	17
経済学部タイプB	70	看護医療学部	0
法学部法律学科	112	薬学部薬学科	4
法学部政治学科	112	薬学部薬科学科	0
商学部	100	慶應義塾大以外の進路選択者	20
医学部	22		
理工学部	69	計	706

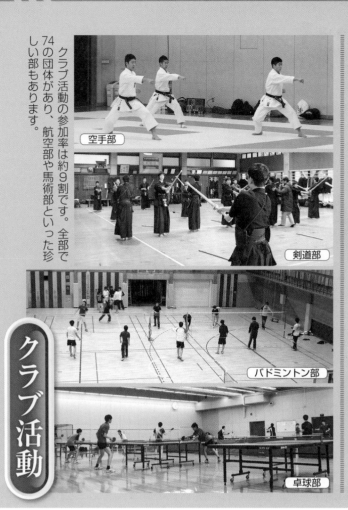

School Navi No.225

東京都　板橋区　共学校

帝京《ていきょう》高等学校

School Data

所在地	東京都板橋区稲荷台27-1
生徒数	男子501名、女子443名
TEL	03-3963-4711
URL	http://www.teikyo.ed.jp/
アクセス	都営三田線「板橋本町駅」徒歩8分、JR埼京線「十条駅」徒歩12分、東武東上線「中板橋駅」徒歩20分、JR京浜東北線「王子駅」・JR埼京線「板橋駅」バス

夢の実現に向けて努力できる人材へ

1943年（昭和18年）に創立された帝京高等学校。創立者である冲永荘兵衛先生の「努力は実力を生み、実力は自信を養い、自信は興味を倍加する」という言葉を受け継ぎ、夢に向かって努力できる生徒を育てています。また、校訓に「正直・礼儀を重んずる」と掲げており、人と人とのつながりを大切に、人間的にも成長できるよう指導しています。

4つのコースで幅広い進路に対応

生徒1人ひとりがめざす進路を実現するために、帝京では、コース制が採用されています。

「特進コース」は、国公立大、難関私立大を目標とします。問題演習を中心とした授業、長期休暇に行われる全員参加の講習などによって、しっかりと学力を向上させることができます。

「文理コース」は、勉強とクラブ活動を両立させる生徒、優遇制度を活用し、グループ校である帝京大、帝京平成大、帝京科学大への進学を希望する生徒、上位校をめざす生徒と、さまざまな生徒が集まっていることが特徴です。それぞれが自分の目標に向かって学習できる体制が整えられています。

「インターナショナルコース」は、1年間の留学が必修となっている海外留学課程と、ネイティブスピーカーの教員と積極的に交流しながら国内で英語力を磨く英語特化課程に分かれます。西洋文化史、国際関係など、コース独自の授業が実施されているのも特徴です。また、いつでもネイティブスピーカーの教員と会話できる英語ラウンジも用意されています。

「アスリートコース」は、全員がサッカー部や野球部をはじめとする体育系クラブに所属しており、学業と両立しながら全国制覇をめざします。3年次には小論文や面接対策を行う授業も実施され、体育系を中心とした大学をめざします。

こうしたコース制に加え、1年次から職業別ガイダンスなどのプログラムを行うことによって、生徒は早い段階から将来を意識して学んでいくことができるのでしょう。進路指導室には専任の教員が常駐しており、進路について、いつでも相談が可能なのも魅力です。

努力する姿勢を大切にした教育で、生徒の夢の実現をサポートする帝京高等学校です。

School Navi No.226

東京都　墨田区　共学校

日本大学第一《にほんだいがくだいいち》高等学校

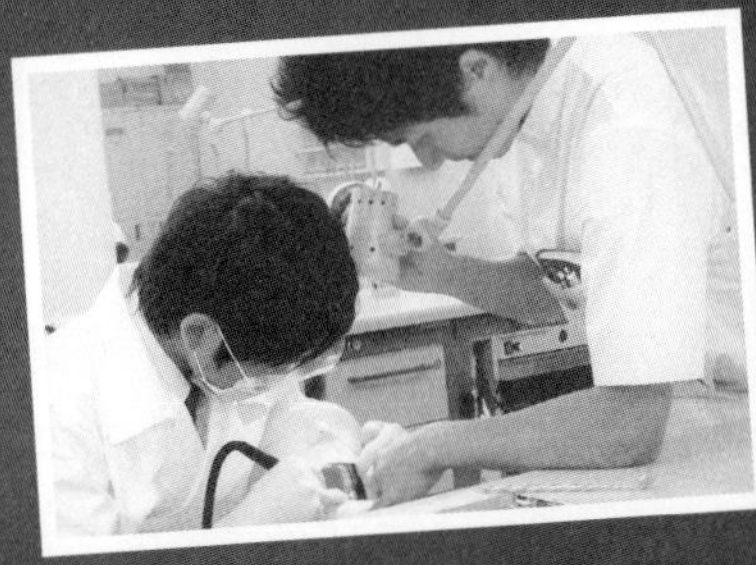

School Data

所在地	東京都墨田区横網1-5-2
生徒数	男子623名、女子440名
TEL	03-3625-0026
URL	http://www.nichidai-1.ed.jp/
アクセス	都営大江戸線「両国駅」徒歩１分、JR総武線「両国駅」徒歩５分

「真・健・和」の精神で次世代人を育てる

日本大学第一高等学校（以下、日大一）は、全国に25校ある日本大学の付属校のなかで、一番最初に誕生しました。創立は1913年（大正2年）。100年以上の歴史を持つ伝統校です。3つの校訓、「真」（知識を求め、真理を探究する）、「健」（心身健康で鍛錬に耐える力を持つ）、「和」（思いやり、協調の心を培う）のもと、教育理念である「絆を重んじ、良き生活習慣をもった、次世代人の育成」をめざしています。

高校からの入学生は、1年次は全員、日大一中からの内進生と混合クラスです。2年次からは「日本大学進学クラス」「難関大学進学クラス」のどちらかを選択します。両クラスとも文系・理系それぞれで異なるカリキュラム編成となります。

「日本大学進学クラス」は、日本大進学を希望する生徒用のクラスです。進学時には「基礎学力到達度テスト」の結果が重視されるため、授業は基礎学力を伸ばすことに注力しますが、進学後を見据え幅広い視野を養うことも大切にしています。

「難関大学進学クラス」の生徒は、日本大以外の難関大学をめざします。一般入試に照準を定め、過去問演習をはじめとする実践的な授業を展開するのが特徴で、早稲田大、上智大、東京理科大などへの合格者を毎年輩出しています。

大学と連携した体験型学習

日本大との高大連携も魅力です。まず、理系学部では体験実習を用意しています。医学部、薬学部、歯学部は、付属病院で調剤体験や解熱鎮痛剤作り、医学部リサーチセンターで最先端医学の実験など、さまざまな貴重な体験ができます。理工学部では、研究室体験を開講。週に1回、1年間研究室に通い、プラズマ・超伝導実験やロボット、エコカー作りに取り組む生徒もいます。

さらに、法学部、経済学部、生産工学部の講義を受講できるシステムもあります。講義を受け、期末試験に合格すると、同学部入学後に大学の単位として認められます。

そのほかの体験型学習としては、ケンブリッジ大学サマープログラム／イースタープログラムという国際交流プログラムがあり、夏休みと春休みに2週間ずつ行われています。

このように、日本大学第一高等学校には、興味のあることに挑戦できる環境が整っています。

神奈川県　公立　共学校

神奈川県立光《こう》陵《りょう》高等学校

KORYO HIGH SCHOOL

FOCUS ON

多彩な教育活動を通して育成する「心やさしき社会のリーダー」

神奈川県立光陵高等学校では、基礎学力を充実させるとともに、生徒１人ひとりの可能性を最大限に伸ばすカリキュラムが特色です。連携型中高一貫校としての実績も好調です。「確かな学力」「考える力」「生きる力」を身につけられる教育活動が展開されています。

小田《おだ》 貞宏《さだひろ》 校長先生

School Data

所在地
神奈川県横浜市保土ケ谷区権太坂1-7-1

アクセス
ＪＲ横須賀線「東戸塚駅」・「保土ケ谷駅」、相模鉄道線「西横浜駅」バス

TEL
045-712-5577

生徒数
男子482名　女子429名

URL
http://www.koryo-h.pen-kanagawa.ed.jp/

- 2学期制（2016年4月より変更、現3学期制）
- 週５日制
- 火・水・金7時限　月・木8時限
- 45分授業・90分授業
- １学年７～８クラス
- １クラス約40名

創立50周年を迎えた神奈川県屈指の進学校

箱根駅伝の難所として有名な権太坂に近い神奈川県立光陵高等学校（以下、光陵）では、昨年11月に創立50周年の記念式典が行われました。

１９６６年（昭和41年）に神奈川県立横浜立野高等学校山手分校として発足、変遷を経て１９６８年（昭和43年）に神奈川県立光陵高等学校となり、２００７年（平成19年）に県教育委員会より学力向上進学重点校の指定を受けています。また、２０１２年（平成24年）には横浜国立大学教育人間科学部附属横浜中学校（以下、附属中学校）との連携型中高一貫校となりました。さらに同年、文部科学省より研究開発学校の指定を受け（２０１６年3月まで）、新たな時代を見据えた教育課程の研究開発に取り組んできました。

光陵では「心やさしき社会のリーダー」の育成がめざされています。

小田貞宏校長先生は「生徒に、高い目標を持ち、『心やさしき社会のリーダー』をめざそうと語りかけています。目標に向かって立ち向かうのはとても大切であり、また大変なことだと思います。途中でくじけそうになっても、その目標を掲げたときの最初の気持ちを思い出して、諦めずに努力を継続していってほしいと思っています。『心やさしき社会のリーダー』の『やさしさ』という言葉が大切なのではないでしょうか。『やさしさ』の対極は人を傷つける言動や、他者を押しのけて自分の利益だけを求める姿が浮かびますが、それは、無知による偏見や狭量が原因で生じることもあるのではないでしょうか。生徒には、教科の勉強をしっかり行うことはもとより、部活動や行事などに真剣に取り組むことで、相手をきちんと認めていく力を育み、必要なときに力を発揮できる、そのような心やさしきリーダーをめざしてほしいと心から願っています」と話されました。

1・2年次は共通履修 3年次は選択制カリキュラム

光陵での教育内容について具体的にご紹介します。

まず学期制ですが、２０１６年度（平成28年度）から2学期制が実施され、これまで以上に授業時数の確保が可能となります。

クラス編成の特徴は、連携型中高一貫校として、附属中学校から40名の生徒が進学してくる点です。高１から混合クラスとなり、中入生と高

入生は同じクラスで勉強します。カリキュラムは、1・2年次は全教科全員履修（芸術科目は選択）となり、基礎学力を幅広く身につけるとともに、国公立大受験にも対応できる力を育みます。3年次には必修選択科目と自由選択科目が用意され、進路に従って科目を選びます。

光陵祭（文化祭）

光陵祭の名で親しまれている文化祭は、毎年9月に開催。クラスごとの企画や部活動のステージ発表など見どころ満載の楽しい2日間です。

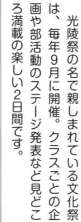

特色ある取り組みの1つに「光陵スタディータイム（ＫＳＴ）」があります。１・２年次の放課後を使った小テストで、英語と数学で週に２回実施されています。

夏期講習は約50の講座が用意されています。受験に用いる教科については全教科で受験に対応する講義や演習がなされています。一方で、それらとは別に、「心やさしき社会のリーダー」を育成するというミッションに基づく「リーダーズカフェ」や、「美術館鑑賞体験」といった特色ある講座もあります。

そのほか、高３数学Ⅲでの習熟度別クラス編成の実施や、夏休みに３日間自学自習に励む「勉強合宿」、さらに静岡県のLanguage Villageでの語学研修など、光陵ではさまざまな学習活動が実施されています。

探究活動を経験できる光陵ユニバース（ＫＵ）

高１・高２の総合的な学習の時間に行われる「光陵ユニバース（ＫＵ）」では、探究活動を通じて課題発見や課題解決にかかわる基本的スキルを身につけ、論文の形でまとめる取り組みを経験します。

ＫＵでは、生徒１人ひとりが自分の興味・関心に応じた「課題」を持つことから始まり、その「課題」の設定から発表までの研究活動がゼミ形式で行われます。研究成果は論文にまとめられ、校内発表を経て「ｉ－ハーベスト発表会」という校外発表会へとつなげられます。

生徒に配付される『ＫＵ研究ノート』という冊子には、ＫＵでの学習の狙いをはじめ、研究の方法や進め方、論文の書き方などがわかりやすく書かれていますので、初めての探究活動でも安心です。

こうした一連の活動により、自ら考え、自ら学ぶ姿勢や思考力・判断力・表現力などさまざまな「生きる力」が身につけられていきます。

小田校長先生は、「附属中学校でも『ＴＯＦＹ』という名称で光陵の『ＫＵ』と同様の探究活動が実施されており、『ｉ－ハーベスト発表会』では、両校の優秀な研究および横浜国立大の大学院生による発表が行われます。このような中学校、高校、大学の連携教育を今後さらに発展させたいと考えています。文科省の研究開発学校の指定は２０１５年度（平成27年度）末で終了しますが、その一環でもあった『ＫＵ』はこれからの時代に必要な学習として継続し、広く発信していきたいと考えています」と話されました。

修学旅行

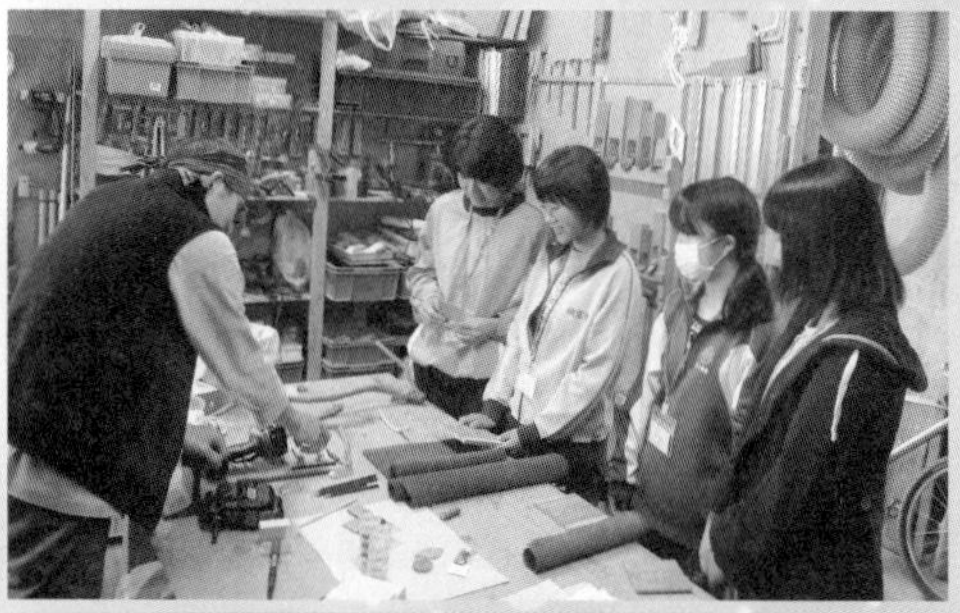

修学旅行では平和学習と体験学習が行われます。昨年は鹿児島県での知覧平和学習と民泊家業体験でした。

体育祭

5月に開催される体育祭。4色対抗戦で大いに盛りあがります。大迫力の応援合戦も人気です。

記入式の独自ノートを活用する光陵の進路指導

　進路指導も充実しています。『進路の手引き―キャリア・ナビノート―』という冊子が全員に配られ、進路選択で参考となる情報が細かく記されています。書き込みのページが多く、記入することを通して段階的に進路への意識を高めることができます。さらに、卒業生から現役生へのメッセージを載せた『学習の手引き』という冊子も配付されています。

「3年間でどのような光陵生を育てるかという詳細な一覧表ができました。定期テスト、学校行事、進路行事など、各学年の1年間のスケジュールと、月ごとの目的や留意点が示されており、先を見通しながら充実した高校生活を送るのに役立てられると思います。もちろん、生徒1人ひとりによって、目標も勉強の方法なども異なるものですから、この表を1つの参考にして、自分自身のペースで進路に真剣に向きあってほしいと思います。」（小田校長先生）

　入試では、学力検査、面接、特色検査が実施されます。特色検査について小田校長先生は、「自己表現検査として、プレゼンテーションの形をとっています。100〜150字程度の2種類の課題文から1つを選び、所定の時間内で自分の意見をまとめ、発表してもらいます。言うまでもなく、意見の良し悪しを判断するというものではありません。自分がなにをどう考えたかを話してください。論理的な思考力やコミュニケーション能力を重視した教育活動を行っているので、特色検査もその考えに合わせた内容となっています。

　部活動、学校行事も大切にし、それぞれに懸命になるとともにリーダーシップや協力姿勢を高めていくことを大切にしている学校です。高い目標を持って、その実現をめざすとともに、他者への配慮を大切だと考える生徒さんに来てほしいと思っています」と話されました。

部活動

部活動も盛んな光陵。参加率も高く、多くの生徒が熱心に活動しています。

茶道部

演劇部

吹奏楽部

硬式野球部

サッカー部

剣道部

バレーボール部

2015年度（平成27年度）大学合格実績　（ ）内は既卒

大学名	合格者	大学名	合格者
国公立大学		私立大学	
北海道大	2(1)	早稲田大	36(6)
東北大	1(0)	慶應義塾大	16(5)
筑波大	2(0)	上智大	23(7)
お茶の水女子大	1(0)	東京理科大	16(2)
東京大	1(0)	青山学院大	29(2)
東京芸大	1(0)	中央大	48(6)
東京工大	1(0)	法政大	61(12)
東京外大	1(0)	明治大	76(16)
東京学芸大	3(0)	立教大	30(6)
一橋大	1(1)	国際基督教大	1(0)
横浜国立大	11(2)	学習院大	6(1)
首都大学東京	4(0)	日本女子大	8(2)
その他国公立大	24(5)	その他私立大	409(61)
計	53(9)	計	759(126)

和田式教育的指導

ついに受験シーズンの到来です。すでに結果が出た人も、これから入試本番という人もいることでしょう。どんな高校受験の結末を迎えようと、全員に共通する大切なことは、「勉強をやめずに継続すること」です。今回は、その理由についてお話しします。

第1志望校の合否がどちらでもより大切なのはそのあとの勉強

勉強を続けることが未来の成功につながる

高校受験が終わったあと、大切にしてほしいことは、勉強を継続することです。第1志望校に見事合格した人も、不合格となり他校への進学が決まった人も、これから入学する高校でいかによい成績を取るかが、今後重要になるでしょう。

なぜ、高校でよい成績を取ることにこだわるのかというと、大学受験に関係するからです。仮に、高校受験に成功し、難関校へ入学できても、そこでの成績がビリとなれば、そこそこのレベルの大学にしか進めないかもしれません。逆に、高校受験に失敗し、実力以下のレベルの高校に入学しても、そこでトップに躍り出れば、東大合格だってありえます。

「受験」とは、ある意味、次の居場所を確保するためのツールに過ぎません。中間テストや期末テストでよい点数が取れるのに、一夜漬けだから忘れちゃう、というタイプの人はそろそろ懲りて、勉強を続ける意識を持ちましょう。とくに高校受験に向けて勉強したことは、大学受験

和田先生のお悩み解決アドバイス

Q すぐ気が散ってしまい勉強が続けられない

Hideki Wada

和田秀樹

1960年大阪府生まれ。東京大学医学部卒、東京大学医学部附属病院精神神経科助手、アメリカのカールメニンガー精神医学校国際フェローを経て、現在は川崎幸病院精神科顧問、国際医療福祉大学大学院教授、緑鐵受験指導ゼミナール代表を務める。心理学を児童教育、受験教育に活用し、独自の理論と実践で知られる。著書には『和田式　勉強のやる気をつくる本』（学研教育出版）『中学生の正しい勉強法』（瀬谷出版）『難関校に合格する人の共通点』（共著、東京書籍）など多数。初監督作品の映画「受験のシンデレラ」がモナコ国際映画祭グランプリ受賞。

にも通ずる科目・内容といえます。受験が終わったからといって勉強をやめるわけにはいきません。言い換えれば、高校受験と同じ勢いで勉強を続けることにより、高校でのよい成績、さらには大学受験成功へとつなげられるかもしれないのです。

これからの2カ月間でやっておくとよいこと

受験を終えてから高校に入学するまで、約2カ月もの期間があります。この時期というのは、中高一貫校に通う、高校受験をしない人たちが、一番だらけてしまう時期だといえます。逆に、高校受験をした人たちは、勉強が習慣化し、勢いづいています。このチャンスを活かし、頑張っておかない手はありません。

では、どんな勉強をすればいいのでしょうか。まず、中学で勉強した各科目の内容を振り返ってみましょう。英文法が十分にできていない、関数がよくわかっていない、といった「抜け」はないでしょうか。入試に間に合わなかったのであれば、ここで諦めず、高校入学までにしっかり押さえておく必要があります。

中学で勉強した範囲が十分に理解できている人は、高校で勉強する範囲を予習しておきましょう。本屋さんで、わかりやすい参考書や問題集を探してみてください。高1で習う数学や英語の基礎を少しでも勉強しておけば、入学して最初から成績トップになれるかもしれません。

要するに、第1志望校に入ろうと、第2志望校に入ろうと、「自分が入った高校でトップクラスの成績をめざそう」という気概が持てるかどうかが将来への分かれ道となります。そういった気持ちで勉強を続けた人はよい成績が取れるようになるし、勉強をやめた人はよい成績が取れないという話です。

高校受験で身につけた勉強の習慣を生かすも殺すも、また、高校でよい成績を取り大学受験成功へつなぐチャンスを掴むも逃すも、すべて自分次第なのです。

A ほかの科目の勉強に切り替えてみよう

「気が散って続けられない」と感じるのは、勉強に対してではなく、その科目に対してかもしれません。例えば、英語の勉強をしていて「気が散った」と思ったら、数学の勉強に切り替えてみましょう。勉強しなくてはならない科目は1科目ではありません。気が散って続けられないときは、その時間を、思いきってほかの科目の勉強にあてればいいわけです。くれぐれも、遊びモードに切り替えてしまわないように注意してください。

また、どうしても眠くて勉強が手につかない、というときは、少し寝てしまうのも1つの手。10～20分眠ればスッキリするでしょう。寝すぎてしまいそうな人は、だれかに起こしてもらってください。

私自身、さまざまな仕事をしているので、ある仕事中に気が散ったら、ほかの仕事に手をつけます。「和田先生は、たくさんの種類の仕事をしていてすごいですね」と言われることがありますが、むしろ、たくさんしているからこそ、続けられているのです。参考にしてみてください。

教えてマナビー先生！

世界の先端技術

pick up!!

カーボンナノチューブ

▶マナビー先生 プロフィール

日本の某大学院を卒業後、海外で研究者として働いていたが、和食が恋しくなり帰国。しかし科学に関する本を読んでいると食事をすることすら忘れてしまうという、自他ともに認める“科学オタク”。

髪の毛の５万分の１の細さだけど軽くて頑丈で熱も伝える炭素繊維

炭素と聞くと、みんなはなにを思い出すかな。鉛筆の芯も黒鉛といって炭素だし、ダイヤモンドだって炭素だ。今回紹介するのはそんな炭素でできた、カーボンナノチューブっていうものなんだけど、ナノっていう通り、炭素がナノメートル（1nm ＝ 10億分の1m）という非常に細い網目状の筒の形になっている素材のことだ。

これは人間の髪の毛の5万分の１の太さというから、電子顕微鏡じゃないと確認できないほど小さい素材なんだ。

カーボンナノチューブの性質は、電気を通しやすく、製造方法により半導体にも金属にもなり、強度も鋼鉄の10倍など、色々な特質を持っているすばらしい物質なんだ。

このカーボンナノチューブは1991年（平成３年）に日本の飯島澄男博士によって発見された。製造方法が難しかったけれど、博士らの研究により、いまでは高品質、高純度で大量に作ることができるようになったんだ。スマートフォンのタッチパネルの材料などにも使われているので、見えないけれど、すでに身近なところで色々と活用されているよ。

電気を通す性質を持ったものといったら、銅線を思い出すんじゃないかな。その銅線と比べて1000倍の電流を流すことができるんだ。現在のコンピュータなどに使われているLSI（大規模集積回路）には銅やアルミの線が使われている。高密度になってくると銅線では抵抗が大きくなって配線が困難になるといわれている。その対策としてカーボンナノチューブを使うことが考えられている。電気を流す性質と同様に、熱を通す性質も銅の10倍ある。このためIC（集積回路）内部の熱を逃がす目的としても応用が考えられているよ。

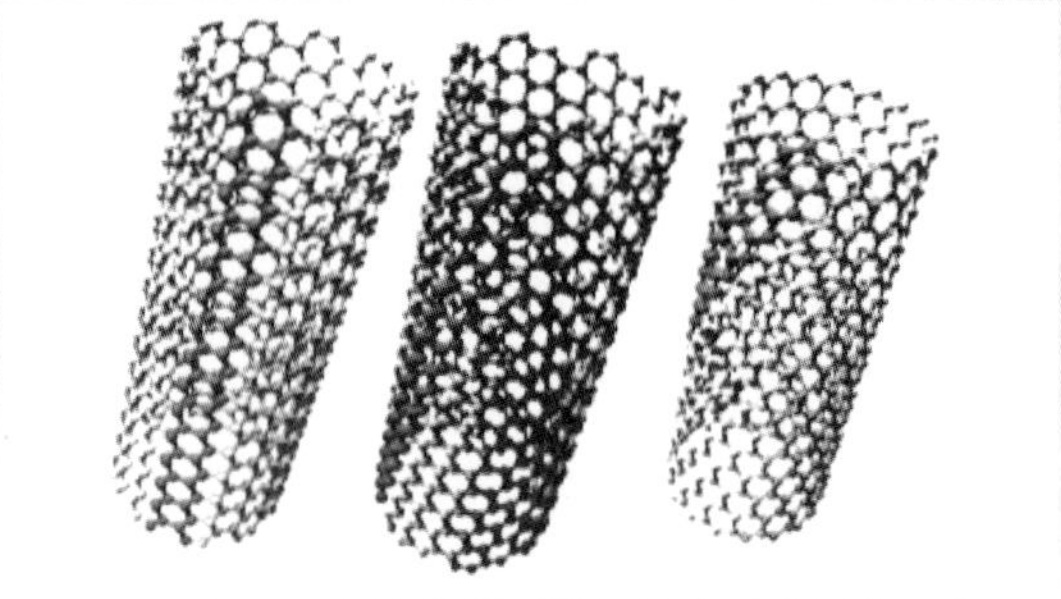

カーボンナノチューブの模式図。炭素が六角形に結びつき、イラストのように並び方はさまざまだが、筒状に丸まった極細の炭素繊維となっている

カーボンナノチューブの応用は、鋼鉄よりも丈夫という強度を利用したものも考えられている。その１つが宇宙エレベータだ。宇宙エレベータは人間を宇宙に運ぶためにロケットを使わずにエレベータのような構造物を作って人を宇宙に運ぼうというものだけど、宇宙まで約10万キロメートルもの距離のケーブルが必要になる。

そこで、軽くて強度があるカーボンナノチューブを使った構想が持ちあがっているわけだ。日本の建築大手の大林組は2050年までに宇宙エレベータを作る構想を、すでに発表しているよ。日本発の先端素材、カーボンナノチューブでできたエレベータに乗って宇宙に行ってみたいね。

教育評論家 正尾佐の

高校受験指南書

国語 【百十一の巻】昨年出た大学附属・系列校の問題3

この記事を読んでいる君は、多分中学2年生だろう。来年の入試に向かって入試勉強をスタートさせているはずだ。だから、1月・2月に行われた今年の高校入試に出題されたばかりの〝出たてのホヤホヤ〟を取り上げたいのだが、原稿締め切りの都合で、それができない。

というわけで、前号まで続けてきた「昨年出た大学附属・系列校の問題」シリーズを締めくくろう。共立女子第二の国語だ。

まず、問題文を読んでみよう。かなり難しい文章なので、あせらずにゆっくり読むといいよ。

次の古文を読んで、後の問いに答えなさい。

※1恵心僧都《ゑしんそうづ》、年高く※2わりなき母を持ち給《たま》ひけり。志は深かりけれども、いと※3事もかなはねば、思ふばかりにて、孝養することもなくて過ぎ給ひにけるほどに、しかるべき所に仏事しける※4導師に請《しやう》ぜられて、布施など多く取り給ひたれば、いとうれしくて、(a)すなはち母のもとへ相具して渡り給へり。

この母、※5世の(b)わたらひ絶え絶えしきさまなり。いかに喜ばれむと思ふほどに、これをうち見て、うち後ろ向きて、さめざめと泣かる。①いと心得ず。君、うれしさのあまりかと思ふあひだに、※6とばかりありて母の言ふやう、※7法師子を持ちては、我、※8後世《ごせ》を助けらるべきこととこそ、年ごろは頼もしくて過ぎしか。目の当たり、かかる※9地獄の業《ごふ》を見るべきことかは。夢にも思はざりきと言ひもやらず、泣きにける。

②これを聞きて、僧都※10発心《ほっしん》して、※11遁世《とんせい》せられける。ありがたかりける母の心なり。

〔注〕※1恵心僧都＝源信。浄土教の祖とされる高僧。僧都は僧正に次ぐ僧官。

※2わりなき母＝大切な母。

※3事もかなはねば＝身の自由が利かなかったので。

※4導師＝法会などで中心となる僧。

※5世のわたらひ＝生計。

※6とばかりありて＝しばらくたって。

※7法師子＝法師になった子。

※8後世＝死後の世。

※9地獄の業＝地獄に落ちるもととなる悪行。

※10発心＝悟りを得ようと決意すること。

※11遁世＝俗世を離れ、修行に専念すること。

どれくらい理解できたかな？ 古文の苦手な人のために、1つひとつ、説明していこう。

○恵心僧都、年高くわりなき母を持ち給ひけり。

＝恵心僧都は高齢で大切な母親をお持ちでいらっしゃった。

初めに「恵心僧都」が登場する。※1にあるように、有名なお坊さんだ。地獄がどういうところかをありありと説明した僧でもあり、いま、私たちが思い浮かべる地獄のイメージは、恵心さんが述べたことがもとになっている。

○志は深かりけれども、いと事もかなはねば、

＝（親孝行をしたい）気持ちは強かったけれども、あまり物事も思い通りにできないから、

「志」は、『意志』つまり『～したいという気持ち』だ。直前に「年高くわりなき母」とあるのでわかるように、親孝行をしたいという気持ちだ。

「かなは・ね・ば」は『思い通りにならない・ので』という意味で、親孝行をしたいけれどお坊さんだから寺で修行をしなければならず、思い通りにならないということだ。

※3の「身の自由が利かなかったので」と記しているだけでは、少しわ

かりにくいだろうね。

○思ふばかりにて、孝養することもなくて過ぎ給ひにけるほどに、

＝思うだけで、孝行することもなくてお過ごしになっているうちに、

○しかるべき所に仏事しける導師に請ぜられて、

＝立派なところで法事をする導師として招かれて、

「しかる・べき」はもともと『そうである・のにふさわしい』という意味で、偉い僧を招いて法会（仏の教えを説き聞かせる集まり）を催すのにふさわしいことをいう。大きな財力や権力を持っている天皇・皇后や皇族、身分の高い貴族たちが「しかるべき」人々だ。

「所」は場所で、ここでは法会を行う寺のことだ。

○布施など多く取り給ひたれば、いとうれしくて、(a)すなはち母のもとへ相具して渡り給へり。

＝布施をたくさんお受け取りになったので、とても嬉しくて、すぐに母親のところへ持ってお行きになった。

「布施」はもともと『慈悲の心から人に金品を与えること、またはその金品』で、恵心さんは導師をつとめたその謝礼としてたくさんの高価な品物を頂戴《ちょうだい》したのだろう。

「すなはち」は『すぐに・即座に』という意味で使われることが多く、入試で問われるのもこの意味の場合だけだ。

○この母、世の(b)わたらひ絶え絶えしきさまなり。

＝この母親は、生計が絶えそうな状態であった。

さて、ここに設問がある。

問一、二重傍線部(a)「すなはち」、(b)「わたらひ」を現代仮名遣いに直し、すべて平仮名で答えなさい。

仮名遣いは、音をどういう仮名で書き表わすか、そのルールだね。例えば

ははわ　かおおあらえという

と言ったのを現代仮名遣いで書き表わすと、

ははは、かおをあらえという。

となる。だが、古文では、

ははは、かほをあらへといふ。

と書き記す。

中学校・高校で学ぶ仮名遣いは、次のようなルールだね。

第1原則　古文の〈は・ひ・ふ・へ・ほ〉は、〈wa・i・u・e・o〉と読んで、現代文では〈わ・い・う・え・お〉と記す。

第2原則　語頭の〈は・ひ・ふ・へ・ほ〉は、古文でも現代文でも〈ha・hi・hu・he・ho〉と読んで、〈は・ひ・ふ・へ・ほ〉と記す。

第3原則　助詞の〈は〉〈へ〉は、古文でも現代文でも〈wa〉〈e〉と読んで、〈は〉〈へ〉と記す。

正解
(a)＝すなわち
(b)＝わたらい

この3つをしっかり知っておけばいい（ただし、例外もあって、例えば「母」は古文でも現代文でも「はは」と記して〈ha・ha〉と読む）。

○いかに喜ばれむと思ふほどに、これをうち見て、うち後ろ向きて、さめざめと泣かる。①いと心得ず。

＝どれほど喜ぶだろうと思ったのに、（母親は）これを見て、背を向けて、さめざめと泣く。（恵心は）まったくわけがわからない。

「これ」は息子の恵心さんが持ってきた布施の品々をさしている。

ここで問二だ。

問二、傍線部①「いと心得ず（全く理解できない）」とあるが、それはどうしてか。二十字以内で説明しなさい。

貧しい母親のところへ、法事でもらった品々を持っていったのだから、母親は「ああ、息子は偉いお坊さまになった。それだけでも嬉しいのに、母親の私が少しでも生活が楽になるようにプレゼントをくれるとは」と、大喜びしてくれると、恵心さんは思ったのだろう。

ところが、母親はそっぽを向いて泣き出してしまった。恵心はあっけにとられただろう。あまりに意外で、わけがわからなかったのだ。それが問二の答えになる。

正解
母親が喜ぶと思ったのに泣き出したから。

なぜ泣き出したのだろうか。理由はこのあとに記されている。

○君、うれしさのあまりかと思ふあひだに、とばかりありて母の言ふやう、

＝お母さまは、嬉しさのあまり（に泣くの）かと思ったときに、しばらくして母親が言うことは、

母親は、かわいい我が子を手放して、なぜ僧侶にしたのかを話したのだ。

○法師子を持ちては、我、後世を助けらるべきこととこそ、年ごろは頼もしくて過ぎしか。

＝「法師の子どもを持っていることは、（そのおかげで）私が、死後の世で救われるはずのことだと、長年あてにして過ごしてきた。」

母親は「後世を助けらる」と言っている。これは仏教の考えだ。『人間は死んでも滅びずに、別の世界に生まれ変わるが、極楽以外、どの世界に生まれ変わっても救われない。極楽に生まれ変わることこそ真の救いである』というものだ。

そして、『出家遁世《とんせい》』、すなわちこ

の俗世間から離れて僧侶になり、仏道修行に励むことが、極楽に生まれ変わるために最も望ましいことだ。出家したことによる功徳（善行によってもたらされる仏の恵み）は本人だけでなく、その家族、とくに親にもおよぶ』と考えられていた。

「法師子」である恵心さんを持った母親は、その功徳を信じて「頼もしく」期待していたのだ。それが……。

○目の当たり、かかる地獄の業を見るべきことかは。夢にも思はざりきと言ひもやらず、泣きにける。

＝「（それなのに）目の前で、このような地獄に落ちる悪行を見ていいはずがあろうか（いや、いいはずはない）。（立派なお坊さまになった息子がこんなことを喜んでするとは）夢にも思わなかった」と（はっきり）言い終えもできず、泣いてしまったのだった。

「地獄の業」は、※11にあるように、仏教とくに浄土教で強く説いている考えに基づく言葉で、『死後に行く世界で、最悪なのは地獄だ。地獄に生まれ変わる原因は人間の持つ欲望にある。強欲による行いが死後に地獄に堕ちる悪行だ』というものだ。

金品に恵まれた豊かな生活、美味な食事をしたいとか、美麗な衣服を着たいとかいうのは、仏の教えに反する欲望であり、それを僧侶である恵心さんが知らないはずはない。

それなのに、布施としてもらった品々に喜び、それを貧しい母親に渡そうとした。それは、「地獄の業」であって、恵心さん自身も母親も、「後生」をめちゃめちゃにすることになる。それで、母親はショックを受けて泣き出したわけだ。

○②これを聞きて、僧都発心して、遁世せられける。ありがたかりける母の心なり。

＝これを聞いて、僧都は悟りを得たいと決意して、俗世間を離れたのだった。めったにない尊い母親の信仰心である。

恵心さんはすでに出家していたのだが、それでもまだ俗世間と少しばかりかかわっていた。法会の導師として招かれたということは、富裕な貴族たちと交わりがあったことになる。

しかし、そういう自分の行為を深く反省して、完全に世間から離れようとしたのだ。これで話は終わりだが、問いは続く。

問三、傍線部②「これ」の指し示す内容を本文中より抜き出し、その最初と最後の五字ずつで答えなさい。

「これ」は母親が話した言葉をさすんだね。その初めは、「母の言ふやう」という語句ではっきりわかる。そして、終わりは「と言ひもやらず」という語句でわかる。

〈言ふやう……と言ひ〉が、会話文を示す決まった言い回しの1つだ。

正解
最初＝法師子を持
最後＝思はざりき

問四、本文と内容が合致するものを次から選び、記号で答えなさい。

ア、恵心僧都は、母親とは気持ちが通じ合わず、それを苦にして仏道に入ってしまった。

イ、恵心僧都の母親は、たいへん頑固で、法師となった我が子にも厳しくあたっていた。

ウ、恵心僧都は、母親を喜ばせようと必死になって法会を重ねて財を築こうとしていた。

エ、恵心僧都の母親は、我が子が法師になったので死後の世も安心できると思っていた。

これまでの説明が理解できれば、正答はすぐにわかるだろう。

正解
エ

では、最後の問いに移ろう。

問五、本文は鴨長明による説話集『発心集』の一部である。この作者の作品を次から選び、記号で答えなさい。

ア、枕草子
イ、源氏物語
ウ、徒然草
エ、方丈記

鴨長明は、平安時代の末に、京の都にある格式の高い神社の神主の息子として生まれた。

だが、50歳のころに出家をし、やがて都の北の日野山に狭い庵（小屋）を作って、そこで十数年後に生を終えた。

その庵で書いたのが随筆『方丈記』で、「行く河の流れは絶えずして、しかももとの水にあらず。」から始まる冒頭の文章は名文として知られている。

正解
エ

こういう文学の歴史についての知識は、そのまま大学入試にも、ひいては一生、役に立つ。国語の勉強は、ほかの教科以上に、高校入試で終わるわけではないぞ。やがて、「ああ、高校入試の勉強をしっかりやっておいてよかったなぁ」と思うときが必ず来るだろう。

国語

東大入試突破への現国の習慣

田中コモンの今月の一言！

本番を想定した実戦テストで判断力を磨いていきましょう。

田中《たなか》 利周《としかね》先生

早稲田アカデミー教務企画顧問

東京大学文学部卒。東京大学大学院人文科学研究科修士課程修了。文教委員会委員。現国や日本史などの受験参考書の著作も多数。

慇・懃・無・礼?! 今月のオトナの四字熟語「状況判断」

昨年のスポーツ界の話題を独占した！といえば、ラグビーワールドカップで歴史的な勝利をあげた日本代表チームですよね。このコーナーでも五郎丸選手のルーティンを取り上げて、解説をしてみました。年が明けてもラグビーフィーバーはおさまるどころか、ますます加熱して勢いを増している状況です。スポーツニュースでは連日のようにラグビーの話題で、テレビ画面や新聞紙面を賑わせています。日本代表の各選手たちの動向が注目され、報道が続いています。筆者はあまりラグビーに詳しくないのですが、それでも強豪南アフリカとの一戦で、日本代表チームが、最後の最後に同点ではなく逆転のトライを狙うためにスクラムを選択して勝負に出た！　あのシーンを観るたびに、鳥肌が立つような思いがこみ上げてきて、感動を禁じえません。

「最後まであきらめるな！」と口にするのは簡単ですが、実践するとなると並大抵のことではたどり着けない境地に違いありません。その「境地」に、日本代表選手一人ひとりが到達していた！　ということに、スポーツファンとしてだけではなく、教育者としても驚きを隠せないのです。「一体、コーチはどんな指導をしたのだろう?」と興味津々で、筆者は報道されるラグビー関連のニュースに注目していたのです。

その指導者の名前はエディー・ジョーンズさん。ワールドカップ終了をもって日本代表コーチは引退されましたが、「エディー・ジャパン」として四年間、代表選手を率いて戦ってこられました。引退の際、インタビューに応えていたシーンに筆者は釘づけになりました。生徒指導のヒントになるような言葉が聞けるのではないかと、意識を集中していたのです。エディーさんはおっしゃいました。「テクニックよりもスキルを教えるべきです」と。「テクニックを磨いて正確さを追求するよりも、スキルを身につけて状況判断ができるようにするべきです」と。ここで登場した言葉が「状況判断」なのです。今月の四字熟語に取り上げてみたのは、こういうわけなのでした。「テクニック」と「スキル」という言葉を、エディーさんは独特の意味合いをこめて使っていらっしゃいます。練習を積み重ねて習得すべき技能である、という点では共通しているのですが、「身につけ方」に違いがあるようです。ですからコーチとしての「教え方」にも違いが出てくるのです。「テクニック」が、何度も繰り返して、正確に同じことができるようにす

る技術だとするならば、「スキル」は、いつ、どこで、どのように技術を使うのかを、状況に応じて判断できるようにするための技だ、といえるでしょう。エディーさんはおっしゃいます「状況判断を重視すべきです。そのために必要なのは、経験値なのです！」と。

　スポーツ以外に置き換えて考えてみましょう。例えば料理人が腕を磨く場合です。「料理本」を読むだけでは達人にはなれません。たくさんの料理を実際に作ってみて、はじめて身につくことがあるでしょう。まずは「テクニック」。包丁さばきや素材の見極め方など、繰り返しの練習が必要になります。そしてその先にあるのが「スキル」ではないでしょうか。その場にふさわしい料理は何か？を考えて提供すること。メニューを作り上げるのです。思い通りに調理が進むとは限りません。新しい状況はつねに現れます。それぞれの場面で、どの「テクニック」が適当かを判断することこそ、「スキル」なのです。

　スポーツに話を戻しましょう。実際に試合を戦って経験値を積むことでしか、身につかないことを重視すべきだ、とエディーさんは強調します。ラグビー日本代表は、「スクラムを選択して逆転を狙う！」という状況判断を行いました。選手全員が確信を持って、その判断を共有したのです。そんな揺ぎ無い判断を支えたのが、経験だというのです。実戦経験を積むこと。それは練習試合ではダメなのです。「もう一度、お願いします！」ということが許されない状況で、全力を出して戦うこと。一度限りの追い詰められた状況の中でしか、最善を選ぶ判断力は身につかないのです。

　このことを受験指導に当てはめてみましょう！　合格のためのテクニック、と呼ばれるものは皆さんも耳にしたことがあるでしょう。もちろんテクニックも大事です。でもその先にあるスキルを身につけることこそ、受験合格への王道なのです！　教室やお家で練習問題を繰り返すことで手に入れたテクニックを、授業で先生から教えてもらったテクニックを、使いこなせるように実践するのです。本番を想定した模擬試験や選抜テストで、勝負勘を培うのです！　再テストは許されない、という状況で戦ってください。当然、厳しさが伴います。でもスキルを磨くにはこれしかないのです。皆さんも覚悟を決めて、臨んでください！

グレーゾーンに照準！ 今月のオトナの言い回し 「備忘録」

「忘れてしまわないように、メモ書きとして残しておいたもの」という意味の言葉ですよね。人気ドラマのタイトルにもありましたので、皆さんもご存知ではないでしょうか。限られた時間内しか記憶をとどめることができないという主人公が、「備忘録」をもとに「自分が何者なのか」を確かめつつ物語を展開させていくというストーリーは、映画でもドラマでも漫画でも登場しており、ある意味で人気のパターンなのです。「記憶がどんどんなくなってしまう」というドラマチックな設定が、物語の展開をスリリングにするからなのでしょう。この場合「忘れてしまう」というのは、困ったことであるという認識です。だからこそ備忘録によって、「忘れても思い出せる」ように準備しておくのです。

　「眠ると忘れてしまう」といったドラマの主人公の設定ですが、多かれ少なかれ、人間は眠ると忘れるものでもあるのです。これは実はありがたい機能だといえるのですよ。どれほど辛い目にあっても、眠ることによって、徐々にではありますが忘れることができるのですから。細かなことまで一々気にしていたら悩んでばかりで苦しいだけです。それを眠ることによって、少しずつ気に留めなくなるという機能が、人間の脳には備わっているのです。「時間が解決する」というのは、この機能を指して言っている場合が多いのです。

　逆に言うと、忘れたくないことであっても、眠っているうちに記憶が薄れてしまうという事態にもなります。単に「暗記したこと」を忘れてしまう、ということを言っているのではありません。感情を伴って経験した自分にとって重要な事柄であっても、人間は忘れてしまうのです。

　ここで「備忘録」の出番です！　覚えておきたい重要語句などをメモするだけではない、皆さんにおススメの使い方を紹介したいと思います。先ほどの「スキル」を身につける話を思い出してください。厳しいテストに臨んで状況判断に苦しんだ経験を活かすための工夫です。人間は「失敗したことを二度と繰り返さない」という形でしか学ぶことができません。ぜひ「こんなことは二度と繰り返したくない！」という強い気持ちがあるうちに、備忘録にその思いをたたきつけてください！「どうして問題文をちゃんと読まなかったんだ！　条件を必ずチェックして、線を引け！　解答にいきづまったら、条件確認に戻れ！」といった具合に、将来の自分に向けてのメッセージとして、現在の思いを書き込むのです。せっかく実践で学んだことを、スキルとして定着させるためにも、「忘れないうちに書く！」というのが備忘録の肝ですからね。

次の問題は，交点や図形の増え方の規則を考える問題です。

問題2

AB＝$a$cm，AD＝$b$cm（a，bは正の整数）の長方形ABCDがある。図１のように，辺ABと辺DCの間にそれらと平行な長さ$a$cmの線分を１cm間隔にひく。同様に，辺ADと辺BCの間に長さ$b$cmの線分を１cm間隔にひく。

図1

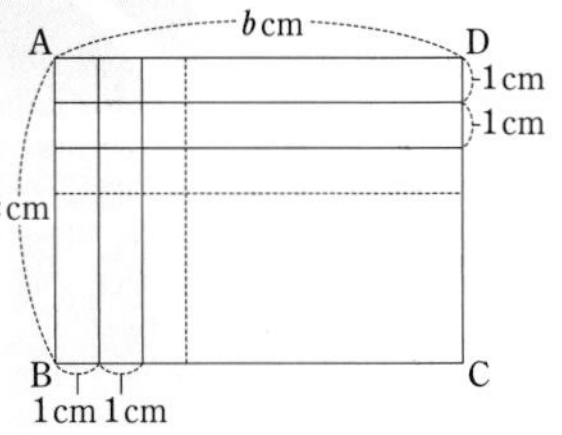

さらに，対角線ACをひき，これらの線分と交わる点の個数をnとする。ただし，２点A，Cは個数に含めないものとし，対角線ACが縦と横の線分と同時に交わる点は，１個として数える。

また，長方形ABCDの中にできた１辺の長さが１cmの正方形のうち，ACが通る正方形の個数を考える。ただし，１辺の長さが１cmの正方形の頂点のみをACが通る場合は，その正方形は個数に含めない。

例えば，図２のようにa=2，b=4のときは，n=3となり，ACが通る正方形は４個である。図３のようにa=2，b=5のときは，n=5となり，ACが通る正方形は６個である。

図2

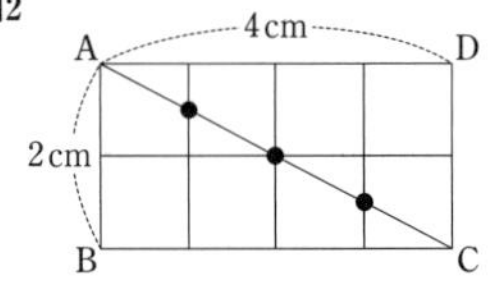

図3

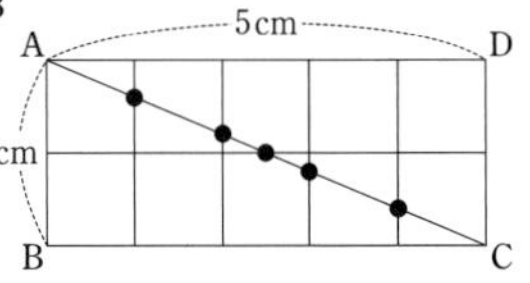

このとき，次の⑴～⑵の問いに答えなさい。

⑴　a=3，b=4のとき，次の①，②の問いに答えなさい。

①　nの値を求めなさい。

②　ACが通る正方形の個数を求めなさい。

⑵　bの値がaの値の３倍であるとき，長方形ABCDの中にできた１辺の長さが１cmのすべての正方形の個数から，ACが通る正方形の個数をひくと168個であった。このとき，aの方程式をつくり，aの値を求めなさい。ただし，途中の計算も書くこと。　（栃木県・一部略）

<考え方>

⑵　直線BCをx軸、ABをy軸と見て、座標平面上で考えると、対角線ACが縦、横の線分と交わる点の座標は、少なくとも一方は整数になります。

<解き方>

⑴　a=3、b=4のとき、長方形ABCDは図１のようになる。

図1

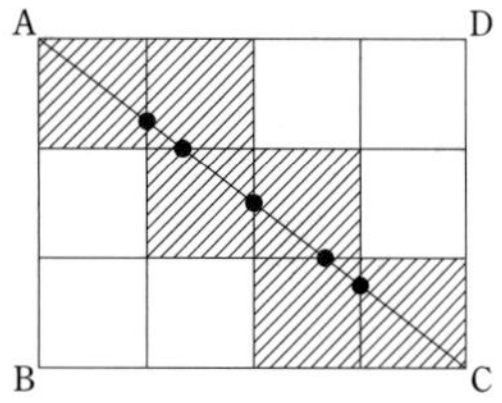

①　対角線ACと縦の線分との交点が３個、横の線分との交点が２個あるので、n**=5**

②　ACが通る正方形は右図の斜線部分だから、**6**（個）

⑵　長方形ABCDの頂点Bを原点、直線BCをx軸、ABをy軸とする座標平面上で考えると、直線ACの傾きは

図2

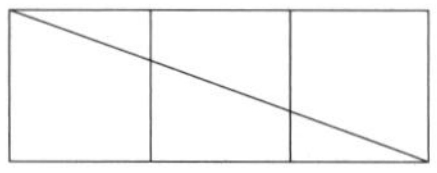

$\frac{0-a}{3a-0}=-\frac{1}{3}$

よって、xが３増えるとyが１減るので、図２のように、xが３増えるごとにACが通る正方形の個数も３ずつ増える。よって、ACが通る正方形の個数は$3a$個ある。

また、１辺の長さが１cmのすべての正方形の個数は$3a^2$個ある。

したがって、条件から

$3a^2-3a=168$

が成り立つ。これを整理して

$a^2-a-56=0$　⇒　$(a+7)(a-8)=0$

これを解いて、　$a=-7$、8

aは正の整数だから、a**=8**

今回取り上げたものは、類似の問題も少なく、公式を用いて一気に解くという種類の問題でもありません。このようなときには、問題１のように、前半の易しい問題が後半の難しい問題のヒントになっていることが多いので、設問の流れに注意することが大切です。それでも、どのように解けばよいか方針が立たないときは、条件をしっかり頭に入れ、それを満たすものを書いて調べるなど、手を動かしながら手がかりをつかむ努力をしていきましょう。そのような粘り強く考える習慣を身につけることが、数学的な思考力を伸ばすうえで欠かせないからです。

数学

楽しみmath 数学！DX

整数の性質についての問題は設問の流れに注意して解いていこう

登木 隆司先生
早稲田アカデミー　城北ブロック ブロック長
兼 池袋校校長

今月は、整数の性質に関連した文章問題を学習していきます。

はじめに、与えられた条件のもとで数字を並べる問題です。

問題１

1～nまでの自然数をどれも2つずつ使って，次の条件を満たす$2n$けたの数Aをつくる。ただし，nは9以下とする。

［条件］Aの各けたの自然数について，同じ自然数の間にはそれより大きい自然数が入るか，または，他の自然数は入らない

例えば，$n=2$のとき，1221は条件を満たすが，1212は条件を満たさない。このような$2n$けたの数Aについて，次の問いに答えよ。

(1)　$n=2$のとき，1221以外の数Aをすべて答えよ。

(2)　$n=3$のとき，自然数1，2について，左から1，2，2，1の順に現れる数Aをすべて答えよ。

(3)　18けたの数の総数は，16けたの数の総数の何倍になるか。　(慶應女子)

<考え方>

(3)　(1)、(2)より、６けたの数の総数は、４けたの数の総数の５倍になることがわかります。

<解き方>

(1)　条件より２つの2の間には数が入らないので、1221以外の1と2の並べ方は、**1122、2211**

(2)　条件より２つの3の間には数が入らないので、**331221、133221、123321、122331、122133**の５通りある。

(3)　16けたの数は1～8の数からできているので、9を加えて18けたの数をつくるとき、２つの9の間には数が入らない。

したがって、作られた16けたの数のそれぞれの並べ方に対して、99の置き場所は、右図のようにその間と両端の17か所ずつある。よって、18けたの数の総数は、16けたの数の総数の**17倍**になる。

16けたの数

①　②　③　④　……　⑭　⑮　⑯

↑　↑　↑　↑　↑　…　↑　↑　↑　↑

99の置き場所

英語で話そう！

川村 宏一先生
早稲田アカデミー　教務部中学課
上席専門職

朝がちょっぴり苦手な中学３年生のサマンサは、父（マイケル）と母（ローズ）、弟（ダニエル）との４人家族。

サマンサは、家族でレストランに来ています。ウェイターが注文をとりに来ましたが、サマンサだけがまだ決まっていません。そこで、マイケルがウェイターにおすすめ料理を聞いています。

Waiter　　：Excuse me. May I take your order? …①
ウェイター：失礼します。ご注文をお伺いしてもよろしいですか。

Michael ：My daughter hasn't decided yet.
　　　　　What do you recommend?
マイケル：娘がまだ決まっていません。おすすめはなんですか。

Waiter　　：How about the beef steak? …②
　　　　　　That's our special today.
ウェイター：ビーフステーキはいかがでしょうか。本日の特別料理です。

Samantha：Sounds good! I'll have that.
サマンサ　：おいしそう！　それにしたいと思います。

Waiter　　：How would you like your steak done?
ウェイター：ステーキの焼き加減はどういたしましょうか。

Samantha：Medium, please. …③
サマンサ　：中くらいの焼き方でお願いします。

今回学習するフレーズ

解説①　May I ～?	「～してもよろしいですか」 (ex) May I go there at once? 「すぐにそこに行ってもよろしいですか」
解説②　How about ～ ?	「～はいかがですか」(相手の意向をたずねる言い方) (ex) How about going for a swim? 「泳ぎにいくのはどうでしょうか」
解説③　medium	「中くらいの、中間の」 肉の焼き方を大きく3段階に分けると、あまり火を通さない場合にはrare、よく火を通して焼くときには well-done、その中間の焼き具合のときにmediumを用いる。

Wase-Aca Teachers

高校進学、そのさき

スタートダッシュに成功した生徒ほど その後の成績が伸びます。 高校入学からの4ヶ月で学力は二極化！

久津輪 直先生

早稲田アカデミー大学受験部
統括副責任者

入試問題研究に裏打ちされた授業計画と、徹底的な教材分析に基づく緻密な授業のみならず、第一志望合格を勝ち取るまでのプロデュース力で多くの生徒を合格へと導いています。

■高1最初の学期テストの成績と、その後の学力の伸びのイメージ

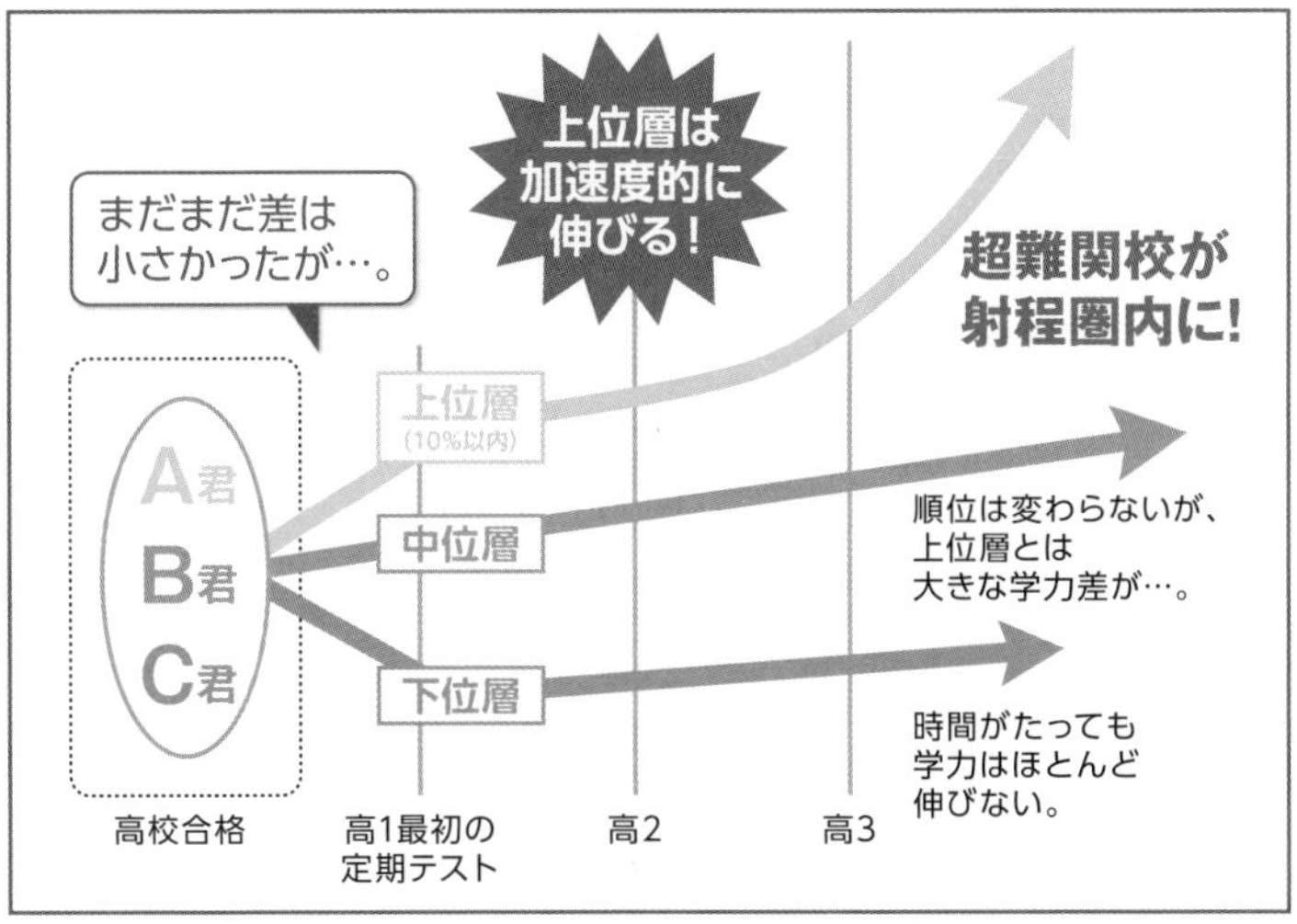

ある高校に入学した高校1年生。同じ入試問題を解き、合格したわけですから、入学時の学力はほぼ同じなはず。しかし、7月の期末試験の頃には大きな差がつくのが現実。例えば、入学した当初は偏差値55程度だったのに、65程度まで上昇する生徒と40程度まで下降する生徒に分かれていきます。その後、それぞれのゾーンに分かれた生徒達は、その偏差値あたりで変動することになり、それぞれのゾーンからなかなか抜け出すことができないことになっていきます。「部活が忙しい」「学校の様子を見てから」ということですぐにスタートできない生徒もいますが、この期間に差がついてしまうことになるのです。

春期講習会に参加しよう！

早稲アカ春期講習会でスタートダッシュ！

早稲田アカデミーの春期講習会は4日間×90分の授業となり、4月に高校で学習する内容を先取り学習していきます。さらに、上位クラスの数学授業では難関高校で6月に扱うような内容まで先取りします。英語も暗記に頼りがちであった中学英語からの脱却を目指します。例えば、未知語の処理で「知っている」「知らない」というレベルではなく文構造や文脈理解からの類推といったことを文法、読解両分野貫き、思考力を練成していきます。他の高校生よりも早く学習を始めるメリットを実感していただきます。

科目	クラス	学習内容
英語	TW Booster	All English・総合 1年間で英検準1級合格を目指します。
	TWα/Tα	中学英語からの脱却 読解:論理展開の活用
	TWβ/Tβ	中学英語からの脱却 英語の要素・機能・配列・論理
	SK	5文型・SVの発見
	R	5文型
国語	TW	現代文演習・古文の読解
	TS・R	古典文法入門

科目	クラス	学習内容
数学	Tα	大学入試数学入門 因数分解［数Ⅰ］
	Tβ	大学入試数学入門 集合と論理［数Ⅰ］
	SK	大学入試数学入門 因数分解［数Ⅰ］
	R	高校数学の先取り 因数分解［数Ⅰ］
	TW	様々な関数［数Ⅲ］ 数列［数B］ ※中高一貫校生対象
	JS	二次関数と方程式 ［数Ⅰ］ ※中高一貫校生対象

※TWクラスはS18池袋校・S18御茶ノ水校・S18渋谷校・S18たまプラーザ校で実施します。

新高1対象 無料 春期講習会

新高1春期講習会が最大24時間無料で受講できます。

※詳しくは、サクセス18各校舎へお問い合わせください。

日程	■学校別講座Ⅰターム	■Ⅱターム	■Ⅲターム	■Ⅳターム
	3/1(火)▶21(祝)	3/22(火)▶25(金)	3/26(土)▶29(火)	3/31(木)▶4/3(日)
	120分×3日間もしくは90分×4日間	90分×4日間	90分×4日間	90分×4日間

みんなの数学広場

TEXT BY かずはじめ
数学を子どもたちに、楽しく、わかりやすく、使ってもらえるように日夜研究している。好きな言葉は、"笑う門には福来る"。

初級～上級までの各問題に生徒たちが答えています。

どの生徒が正しい答えを言っているか当ててみよう。

もちろん、当てずっぽうじゃなく、実際に問題を解いてみてね。


今月も、「SPI試験」という大学生が就職活動で受験する試験からの出題です。就職するために大学生はこんな問題を解いているんですね。

問題編

答えは次のページ

上級

PはQに3000円貸しており、QはRに4000円貸しており、RはPに5000円貸している。

この3人がいっしょに映画を見に行きました。

映画の代金は１人当たり2000円でしたが、Rが全員分の合計6000円を立て替えました。

３人の間の貸し借りをすべて精算するには？

答えは･･･
PがRに4000円渡して、QがRに1000円渡せばいい。

答えは･･･
PがRに1000円渡して、QがRから2000円もらえばいい。

答えは･･･
PがRに5000円渡して、RがQに2000円渡せばいい。

中級

あるホテルの宿泊料金は１人6500円です。しかし、16人以上の団体の場合、15人を超えるぶんについては１人4500円に割引されます。40人の団体が、20人ずつ２回に分けて宿泊する場合と、全員で１回に宿泊する場合では、料金の総額はいくら異なるか。

A
答えは…
50000円
ちょっと多いかな？
B
答えは…
40000円
大体こんなもんじゃない？
C
答えは…
30000円
計算したからあってる…はず。

初級

あるイベントの参加者数は8000人で、そのうち40%が女性の参加者でした。男性の参加者は変わらず、女性の参加者だけが1000人増えた場合、女性の参加者は全体の何%となるか（小数点以下第１位を四捨五入すること）。

A
答えは…
40%
割合は変わらないんじゃない？
B
答えは…
およそ47%
女性の数が増えているからね。
C
答えは…
およそ53%
1000人も増えているからこれぐらい。

上級

正解は　答え **A**

やったね！

まず、PはQに3000円貸しており、QはRに4000円貸しており、RはPに5000円貸しています。この時点でPはQに3000円貸すので－3000円。

しかし、RからPに5000円入るから　－3000＋5000＝2000円増加しています。

QはRに4000円貸しているので、－4000円。しかし、PからQに3000円入るから　－4000＋3000＝－1000円つまり1000円使ったことになっています。

同様に、Rも　－5000＋4000＝－1000円ここで、実際には３人とも映画鑑賞のチケット購入で１人　－2000円にならなければいけないので、現状から考えて…

P：＋2000円→　－2000円なので、4000円を支払う。

Q：－1000円→　－2000円なので、1000円を支払う

R：－1000円とチケット３人分の代金の立替が6000円あるから、－1000－6000＝－7000、この　－7000円→－2000円になるので5000円をもらえばいい。

ということは、PからRへ4000円。QからRへ1000円払えばいい。

B

Pが貸したことだけしか
考えなかったでしょ？

C

Rが随分損するね…。

中級

正解は 答え C

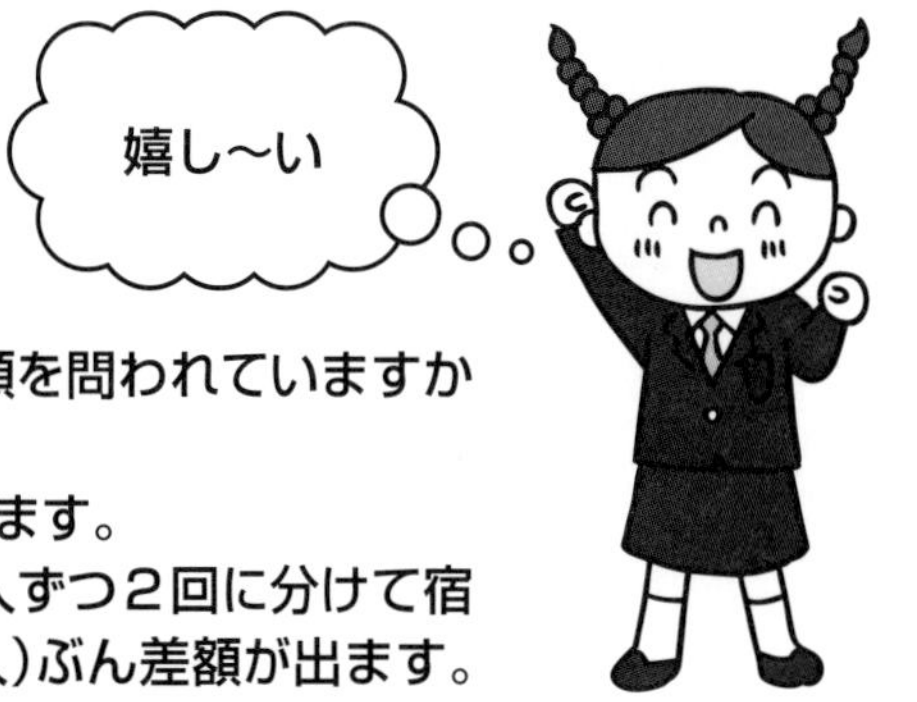
嬉し〜い

これは、総額を求める問題ではありません。総額の差額を問われていますから、差額に注目します。

16人以上から6500円−4500円＝2000円の差が出ます。

そこで、人数の差に注意します。40人の団体が、20人ずつ２回に分けて宿泊する場合は、１回につき、20(人)−15(人)＝５(人)ぶん差額が出ます。これが２回ぶんなので10人ぶん安くなります。全員で１回に宿泊する場合は、40(人)−15(人)＝25(人)ぶん差額が出ます。

ということは、40人の団体が、20人ずつ2回に分けて宿泊する場合と、全員で1回に宿泊する場合では、料金の総額は人数で見ると、25(人)−10(人)＝15(人)分になります。

つまり、全員で１回に宿泊する場合の方が
2000(円)×15(人)＝30000円安くなります。

A
25人ぶんだからと思ってない？

B
どうしたらそうなる？

初級

正解は 答え B

イエーイ

女性は8000人の40%の3200人に1000人が増えて4200人。
このとき、全員の人数は8000人＋1000人の9000人だから、女性参加者は全体の
4200÷9000＝0.46666…＝46.666…%≒47%

A
どうして変わらないの??

C
それ、全体の人数を無視したでしょ？

＼先輩に聞け！／

大学ナビゲーター

お茶の水女子大学

文教育学部　人文科学科　1年

三村《みむら》　友里《ゆり》さん

語学力をあげるとともに国際協力について学び将来は海外で働きたい

多彩な分野を学べる独自の制度

—お茶の水女子大の特色を教えてください。

「1学年約400人なので、少人数で受ける講義も多く、アットホームな雰囲気です。少ないと10人で受ける講義もあり、先生との距離も近く、学生同士もすごく仲よくなれます。

　また、意欲があり何事にも積極的に取り組む学生が多いと思います。みんな勉強熱心なので私もいい刺激を受けています。」

—カリキュラムについて教えてください。

「幅広い分野を学べるのが特徴です。1年生は英語、第二外国語、情報、体育の必修科目以外は、自分の学部学科関係なく自由に履修科目を選ぶことができます。これをリベラルアーツ科目と言います。私も建築デザインや発達心理学など、理学部や生活科学部の講義を取っています。

　さらに『複数プログラム選択履修制度』があります。2年生で専攻する学問を決める際に、第1のプログラムとして主プログラム、第2のプログラムとして副プログラムというように、複数のプログラムを選択するんです。そして、それぞれのプログラムに関連する講義を履修していきます。私は主プログラムでグローバル文化学環（コース）、副プログラムで比較歴史学コースを選択する予定です。」

—必修科目とリベラルアーツ科目以外の受講科目を教えてください。

「本格的にプログラムが始まるのは2年生からですが、すでに先取りして履修しているものもあります。

　例えば、比較歴史学の枠組みでは、『比較文化史』や『比較社会史』を

大学正門から見た風景

三村さん（右から3人目）とACTプログラムの受講生

受けています。中国史、西洋史、イスラム史など、それぞれを専門とする先生が順番に講義を担当します。『グローバルヒストリー』は、英語で書かれた歴史の文献を読んで、内容をどうとらえるか学んだり、先生から出された質問に答えたりする講義です。予習としてA４用紙５枚ぶんの文献を読んでいかなければならないのが大変です。

グローバル文化学の方では、『国際協力実習』という実習プログラムのカンボジアスタディツアーに参加しました。国際協力機構（JICA）カンボジア事務所や州病院、ヘルスセンターなどを訪れたり、青年海外協力隊の方の話を聞くなかで、自分たちの生活のあり方や格差、衛生問題について多くのことを考えさせられました。」

――好きな講義はありますか。

「外国人の先生が英語で講義をする『ACTプログラム』が好きです。留学をしたい人や英語力を鍛えたい人向けの講義で、ディスカッションやグループワーク、プレゼンをすべて英語で行います。英語がわからないときもありますが、わからないのはほかの学生も同じなので、みんなでどういう意味か考えたり、先生もフォローしてくれたりと、講義は和やかに進んでいきます。

ディスカッションの内容は、TPPや遺伝子組み換え食品など、先生がピックアップした話題です。プレゼンはニュースについて話すこともあれば、テーマが自由なときもあるので、英語が好きになったきっかけや、自分が紹介したいことなどを話しています。自分からどんどん発言していかなければならないのは難しいですが楽しいですね。」

――今後の目標を教えてください。

「将来の夢はまだはっきりと決まっていませんが、海外で国際協力活動などに携わりたいと考えています。そのためにも留学をしたくて、いま選考をしている最中なので通るといいなと思います。もちろん、国際協力についても専門的に学び、しっかり知識をつけていきたいです。」

3つのサークルに所属

中高時代のダンス部の先輩が熱心に誘ってくれたので、東京大のダンスサークルに入部しました。気分転換になるし、インカレ※なので色々な大学の子と仲よくなれて楽しいです。また、留学生と交流したいと思い、理系の留学生を受け入れてさまざまなプログラムを企画する「IAESTE」という団体にも所属しています。

3つ目はお茶の水女子大の「ochas」というサークルです。大学のおみやげを開発するチームや学内の畑で野菜を作るチームなど、チームごとに食に関する活動をしていて、私はTFT（TABLE FOR TWO)に取り組むインターナショナルチームで広報を担当しています。TFTは、開発したヘルシーメニューが学食で売れると、1食につき20円ぶんが寄附金となり開発途上国の子どもたちの学校給食1食ぶんとして届く仕組みの活動です。栄養バランスが考えられた料理なので食べる側にもメリットがあります。

※色々な大学の学生が在籍するサークル

クイズ形式で勉強

よく友だちと定期テストの際に問題を出しあっていて、受験時はそれが英単語や古文単語の出しあいに変わりました。1人が出題係になって、周りが早押しで答えるクイズのような感じです。また、覚えにくい内容はアニメの歌をベースに替え歌を作ったりもしました。1人ではなかなか覚えられない内容も、友だちと勉強していると覚えやすかったです。

目標は下げないで

当初は一橋大が第1志望でした。周りからは「目標が高すぎるのでは」と言われていたけど、一番行きたい大学をめざして頑張らないと後悔すると思い、ギリギリまで目標を下げませんでした。最終的に第2志望のお茶の水女子大に出願しましたが、納得がいくまでやりとげたので後悔はなかったです。周りでは目標を低めに設定してしまい本当に行きたかった大学に行けず、もう少し頑張ればよかったと言っている子もいました。みなさんも最後に後悔しないように目標は下げずに頑張ってほしいと思います。

第16回

古今文豪列伝

樋《ひ》口《ぐち》一《いち》葉《よう》

Ichiyou Higuchi

樋口一葉は1872年（明治5年）、下級役人の4人兄弟の次女として東京に生まれた。本名は夏子。幼少のころから読書が好きで、7歳のときに滝沢馬琴の『南総里見八犬伝』を読破したほど早熟だったんだ。

1881年（明治14年）に私立の小学校を首席で卒業したけど、母親が「女に学業は不要」としたため、上級の学校には行けなかった。

しかし、父の友人のもとで短歌を学んだり、女性ばかりの歌塾に入門するなどして王朝文学や短歌、さらには漢詩を学び、文学の才能を磨いていったんだ。

それまでは中流の生活だったとされるが、1888年（明治21年）に戸主だった兄が死去、翌年には父も他界、父の死がきっかけで一葉の婚約も破棄され、一家は厳しい環境におかれる。

一葉は歌塾に住み込んで、内弟子兼お手伝いをしながら母や妹を養ったが、父が残した借金も膨大で生活は苦しいままだった。

そんななか、歌塾の姉弟子が小説を書いて原稿料を手にしたと聞いて、自分も小説を書く決心をし、新聞小説記者の半井桃水《なからいとうすい》に師事し、1892年（明治25年）、処女小説『闇桜《やみざくら》』を雑誌に発表した。まだ満で20歳になっていなかった。同年、『たま欅《けやき》』、『うもれ木』などさらに4編を発表、作家としての地位を築いていく。

翌1893年（明治26年）にも3編小説を発表、その翌年の12月には『おおつごもり』を文学界に発表、1895年（明治28年）の1月からは『たけくらべ』を雑誌に連載、その間、『ゆく雲』『うつせみ』『にごりえ』『十三夜』を続けて世に出し、「奇跡の十四ヵ月」などと驚かれた。

森鴎外、幸田露伴らが一葉を絶賛し、一葉にとっては絶頂期だったかもしれない。だが、残念ながら、当時は治療法がなかった肺結核に冒され、1896年（明治29年）、惜しまれつつ世を去った。24歳の若さだった。

樋口一葉はわずか6年半の間に22編の小説、5編の随筆を書き、日本近代の女流文学の草分け的存在でもある。彼女の肖像は2004年（平成16年）から5000円札に採用されている。また、記念館が東京都台東区にあるから、一度訪ねてみるといいね。

今月の名作

樋口一葉

『たけくらべ』

『たけくらべ』
352円＋税
集英社文庫

遊郭・吉原の近くに住む少女、美登利《みどり》は、いずれは遊女になる運命であった。同じ学校に通う僧侶の子の信如《しんにょ》とは仲がよかったが、大人の対立が元で疎遠になってしまう。少年少女の淡い恋心とそれを伝えられない悲哀を描いた傑作。

今年はサル年。そこでサルにちなむ慣用句を調べてみよう。

「犬猿の仲」はよく使うよね。サルとイヌは仲が悪いことから、口もきかない仲の悪い者同士をいう言葉だ。「A君とB君は犬猿の仲だ。同じ班にしない方がいい」なんて使うけど、イヌはサルを見ればほえるし、サルはイヌを見ればひっかくから、こう言われるようになったらしい。生まれたときからいっしょにいれば、仲は悪くないそうだ。

「猿も木から落ちる」もよく聞くよね。サルはとても木登りの上手な動物だ。そのサルが木から落ちるんだから、得意な人でも失敗することがあるという意味だ。「彼は体操の名人だけど、鉄棒から落ちちゃった。サルも木から落ちるとはこのことだ」なんて使う。「河童の川流れ」「弘法も筆の誤り」も同じ意味だね。

あれも日本語これも日本語

NIHONGO COLUMN NO.73

「サル」にちなむ慣用句

「意馬心猿《いばしんえん》」はウマの心、サルの気持ちということで、ウマやサルと同じに、欲望が抑えがたいという意味だ。「彼の欲望はきりがない。意馬心猿だ」って感じで使われる。

「猿に絵馬」。イヌと違ってサルはウマと愛称がいいとされる。絵馬には文字通りウマの絵が描かれることが多いけど、サルがウマに乗っているデザインもある。そんなことから取り合わせのいいこと、仲のいいことのたとえとして使われるんだ。

「猿の尻笑い」は自分の尻が赤いのも知らないで、相手の尻の赤いのを笑うこと。転じて、自分の欠点に気がつかないで、相手の欠点を指摘する愚かさをいうんだ。そうならないようにしたいね。「C君は自分も字が下手なのに、D君の字を見て笑ったんだ。まるで猿の尻笑いだね」なんて使うよ。

「猿に烏帽子《えぼし》」。烏帽子は成人した男性が和装のときにかぶった冠のこと。相撲の行司がかぶっているのも烏帽子だよ。サルには似合わないことから、外見だけを取り繕って、中身の伴わないことをさすんだ。

同じ意味で「沐猴《もっこう》にして冠す」がある。沐猴とはサルのことで、サルが冠をかぶっても、中身が伴わなくて意味がないことからいわれる。中国の故事から出た言葉だ。

ミステリーハンターQの
歴男歴女養成講座

山本 勇

中学３年生。幼稚園のころにテレビの大河ドラマを見て、歴史にはまる。将来は大河ドラマに出たいと思っている。あこがれは織田信長。最近のマイブームは仏像鑑賞。好きな芸能人はみうらじゅん。

春日 静

中学１年生。カバンのなかにはつねに、読みかけの歴史小説が入っている根っからの歴女。あこがれは坂本龍馬。特技は年号の暗記のための語呂合わせを作ること。好きな芸能人は福山雅治。

ミステリーハンターQ（略してMQ）

米テキサス州出身。某有名エジプト学者の弟子。1980年代より気鋭の考古学者として注目されつつあるが本名はだれも知らない。日本の歴史について探る画期的な著書『歴史を掘る』の発刊準備を進めている。

徳川家康

今月号のテーマは、没後４００年となる「徳川家康」だ。地方の小豪族から天下人になった家康の一生を学ぼう。

勇 今年は徳川家康が亡くなって４００年なんだって。

MQ 徳川幕府を開いた人だね。

静 家康ってどんな人だったの？

MQ １５４２年（天文11年）、三河の国（現在の愛知県東部）の小豪族、松平広忠の長男として岡崎城で生まれた。６歳のときに尾張（愛知県西部）の大名、織田信秀（信長の父）の人質となり、翌年、駿河（静岡県東部）の大名、今川義元の人質になったんだ。

勇 幼少期は人質で苦労したんだね。

MQ 小豪族の家に生まれた悲哀だね。でも、その苦労がのちに花咲くんだ。

静 人質人生はどうして終わったの？

MQ １５６０年（永禄元年）の桶狭間の戦いで、今川義元が織田信長に討たれたことから、人質から解放され、岡崎に戻って、信長と手を結んで、三河一国を平定するまでに力をつけたんだ。

勇 その段階で戦国大名になったんだね。

MQ その後、徳川と苗字を変えて、信長とともに姉川の戦い（１５７０年）で大勝したんだけど、三方ヶ原の戦い（１５７２年）では武田信玄に敗れてしまった。しかし、家康にとって幸運だったのは信玄が３年後に死んだため、信長とともに、信玄の子の武田勝頼を長篠の戦い（１５７５年）で破って駿河を手に入れることができたことだ。

静 運も味方したって感じね。

MQ １５８２年（天正10年）に本能寺の変で信長が死ぬと、豊臣秀吉が天下を治めるようになり、秀吉に仕えた。そして、江戸、いまの東京に移らされても、文句を言わずに従い、実力を養うことに専念したんだ。

勇 忍耐の人でもあったんだね。

MQ 秀吉が１５９８年（慶長３年）に死ぬと、２年後の関ヶ原の戦いで、豊臣方を政権の座から引きずり下ろし、１６０３年（慶長８年）、征夷大将軍となって江戸に幕府を開いたんだ。

静 三河の小豪族からついに天下人になったのね。

MQ １６１４年（慶長19年）の大坂冬の陣、翌年の大坂夏の陣で秀吉の子の秀頼を滅ぼし、幕府体制を盤石なものにした。

江戸時代260年の平和は家康の功績ともいえるが、その影で多くの滅ぼされた人もいたんだね。大坂夏の陣の翌年の１６１６年に74歳で死んだんだ。

家康が「タヌキ親父」と呼ばれるのは、策略家だったから。タヌキは人を化かす＝「ずる賢い」というイメージがあったんだ。顔と体型もちょっとタヌキっぽいかも？

サクニュー! ニュースを入手しろ!

SuccessNews

▲PHOTO 2015年5月24日、北海道新幹線の走行試験のため新青森駅へ初めて乗り入れたＨ５系車両。写真：北海道新聞社/時事通信フォト

今月のKeyword▼

北海道新幹線

３月26日に、青森県青森市の新青森駅と北海道北杜市の新函館北斗駅間の１４９㎞が開通し、北海道新幹線が開業します。この結果、東京駅－新函館北斗駅間は東北新幹線を経由して直通運転され、最速で４時間２分で結ばれます。

現在のところ、東京駅－新函館北斗駅間は１日10往復、新青森駅－新函館北斗駅間は13往復となり、最高時速は260㎞の予定です。

東京駅－新函館北斗駅間の料金は、大人普通で運賃、指定席特急料金を合わせて22,690円です。

列車名は東京駅・仙台駅－新函館北斗駅を結ぶ車両が「はやぶさ」、盛岡駅・新青森駅と新函館北斗駅間を結ぶ車両が「はやて」と決まっています。基本的には10両編成です。

北海道新幹線は１９７２年（昭和47年）に青森市－札幌市間が指定され、１９７３年（昭和48年）に整備新幹線として承認され、最終的には旭川市までのルートが追加承認されました。そして2005年（平成17年）に新青森－新函館北斗間の工事が着工されました。新青森駅からは、津軽半島北端の今別町の奥津軽いまべつ駅を経由して青函トンネルを通り、北海道木古内町の木古内駅を経て、新函館北斗駅に達します。総工費は約5,500億円です。青函トンネルでは在来線と並行して走行するため、速度を落とします。

新函館北斗駅と札幌駅を結ぶ線は2012年（平成24年）に着工されましたが、当初の開業予定は2019年でした。しかし、工区の７割以上がトンネルであることなどから、総工費は1兆6,700億円にふくらみ、2035年開業と大幅に遅れることになりました。これに対し、北海道の経済界などから大きな反発が出て、現在のところ、2030年末開業予定と変更になりました。

新函館北斗駅と札幌駅の間は約２１１㎞、東京駅とは最速で５時間を見込んでいます。途中駅は新八雲駅（八雲町）、長万部《おしゃまんべ》駅（長万部町）、倶知安《くっちゃん》駅（倶知安町）、新小樽駅（小樽市）が予定されています。その先の旭川駅までのルートや開業予定はまだ決まっていません。

現在、上野駅と札幌駅を結んでいる寝台特急「カシオペア」などは、苫小牧駅から南千歳駅を経て東から札幌駅に到着する室蘭本線を利用していますが、北海道新幹線は小樽を経由して西から札幌駅に到着することになります。北海道新幹線の開業により、これまで航空機を利用していた首都圏から北海道へのビジネス客や観光客を鉄道に呼び戻すことや、本州と北海道のより活発な交流が期待されています。

顔以外は普通の男の子をめぐる心揺さぶられる物語

今月の1冊

『WONDER　ワンダー』

10歳の少年オーガストは生まれつき顔にいくつもの問題があり、これまでに27回も手術をしてきた。それでもその顔は、初めて見た人が必ず驚き、ヒソヒソと話題にせずにはいられないままだった。

小さなときから手術を繰り返したり、そうした外見のこともあって、彼はまだこの年まで学校に通ったことがなかった。そんなオーガストが学校に通うことに。

10歳にして、ほかの人には考えられないような経験をしてきた彼にとっても、初めて会う人がたくさんいる場所に通うなんて当然イヤなことだった。

けれど、トゥシュマン校長先生がとても優しかったことと、学校を案内してくれた3人の同級生との出会いもあって、入学することに。

それでも初日から大変な思いをいくつもするオーガストだが、彼には聡明さとユーモアのセンス、そしてときに自分の顔のことも笑い飛ばせる強さがあった。

クラス中の人気者とはいかなくても、ジャック・ウィルやサマーといった仲のいい友だちができ、それなりに楽しく学校で過ごせるようになっていく。

でも、ハロウィーンの日、あることがきっかけで、それまでのことが全部メチャクチャになってしまった…。彼はどうやってそこから立ち直っていくのだろうか。

この物語は、主人公のオーガストを中心に、彼を愛してくれる姉のオリヴィア、友だちのジャック・ウィル、サマー、オリヴィアの彼氏ジャスティン、友だちのミランダら、周りの人たちの視点からも語られていく。

どんな人にも偏見を持たず、優しくしよう、と口で言うのは簡単だけれど、それをいつでもするのは簡単ではないよね。オーガストはもちろん、周りの人たちもそのために悩んだり、傷ついたり、後悔したりしながら、色々なことを学んでいく。

とはいえ、この本は暗い雰囲気の本ではないよ。読んでいる方もさまざまなことを考えさせられるけど、同時に温かな気持ちにもなれる1冊だ。

『WONDER　ワンダー』
著／R・J・パラシオ
訳／中井はるの
価格／1500円＋税
刊行／ほるぷ出版

サクセスシネマ

SUCCESS CINEMA

VOL.73

人生を変える出会い

しあわせの隠れ場所

2010年／アメリカ
監督：ジョン・リー・ハンコック

『しあわせの隠れ場所』
Blu-ray発売中　2,381円＋税
発売元:ワーナーホームビデオ

黒人青年に訪れた奇跡の物語

貧しいスラム街に生まれ育った黒人のマイケル・オアーが、アメリカンフットボール選手として成功を遂げるまでの軌跡を描いたノンフィクション映画です。

マイケルは、高校には通っているものの、家庭に問題があり、安らげる寝床もないような生活を送っていました。そんな彼の人生を一転させたのが、リー・アンとの出会いです。リーは夫と子どもと暮らす裕福な白人女性。寒い夜に行くあてもなく歩くマイケルを見たリーは、彼を家に招きます。そして、その境遇を知ると、彼を家族のように受け入れ、アメフトの才能をも見出していくのです。

この出会いは本当に奇跡のようです。マイケルの成功を語るのに、リー家族との出会い、類まれな身体能力といったものは欠かせませんが、なによりも彼の誠実な人柄が、この奇跡を呼び起こしたに違いありません。

マイケルを引き取ったことで、周りに色々なことを言われながらも、マイケルに温かく接するリー家族の強くて優しい人柄に惹《ひ》きつけられます。実話から生まれた心温まる物語を見てみてください。

塔の上のラプンツェル

2011年／アメリカ
監督：ネイサン・グレノ、バイロン・ハワード

『塔の上のラプンツェル』
MovieNEX 好評発売中/デジタル配信中
4,000円＋税
発売/ウォルト・ディズニー・スタジオ・ジャパン

1つの出会いから始まる冒険

ウォルトディズニーの長編アニメーション第50作記念作品として制作された本作。グリム童話を原作とする物語です。

18年間、世の中から隔離され、高い塔の上で母と2人で暮らしてきたラプンツェル。なぜそんな暮らしをしてきたかというと、ラプンツェルの長く美しい金髪に宿ったある力のためでした。そして、母にはある秘密が…。

ある日、フリンという青年が塔に迷い込んできます。初めて会う母以外の人間に、最初はおびえるラプンツェルでしたが、外の世界への誘惑に駆られ、フリンと塔を抜け出すことを決意。しかし、希望に満ちた下界での第1歩とは裏腹に、彼女を探す恐ろしい影が迫ります。ラプンツェルの運命はどうなるのでしょうか。

ハラハラドキドキのストーリー展開とあわせて、ラプンツェルが長い髪をなびかせて踊るシーンや、無数の灯りが夜空に広がるシーンなど、ディズニー映画ならではの壮大でファンタスティックな映像美も楽しむことができます。まるで人間のような振る舞いをする馬や、フリンの仲間の奮闘ぶりもユニークです。

英国王のスピーチ

2011年／イギリス・オーストラリア
監督：トム・フーパー

『英国王のスピーチ スタンダード・エディション』
DVD発売中
1,429円＋税
発売元:ギャガ　販売元:ハピネット

国王と平民の友情と葛藤の実話

吃音《きつおん》症に悩まされたヨーク公（のちのイギリス王ジョージ６世）と、その治療にあたった平民のライオネルとの友情と吃音症克服への道のりを描いた、実話に基づくヒューマンストーリーです。

1930年代なかば、ヨーロッパはドイツの独裁者ヒトラーの台頭で大きく揺れ始めていました。そんなときに、王位を継承することになったヨーク公。ヨーク公は、吃音症でスピーチが大の苦手です。そこでヨーク公の妻が、スピーチ矯正の専門家であるライオネルに治療を依頼します。ライオネルは、ヘッドホンで大音量の音楽を聞かせながら物語を朗読させたり、横隔膜を鍛えるためにヨーク公のお腹の上にその妻を座らせたりと、思わず笑ってしまいそうなユニークな治療法を展開します。その成果はいかに。

壮大な戴冠《たいかん》式、イギリス国民へ向けた第二次世界大戦開戦の演説と、いやがおうにも緊張感が高まっていきます。ヨーク公が、王ではなく１人の人間として内面の弱さをさらけ出し、ライオネルとの友情を育みながら立派な王となるべく懸命に挑む姿が感動を呼びます。

身の回りにある、
知っていると勉強の役に立つかも
しれない知識をお届け!!

「おでん」の由来は？

寒いときはおでんだよね～。

もう、おでんの時期じゃないんじゃない？

いやあ、まだまだいい季節だよ。

そういえば、なんで「おでん」っていうの？

おっ！　きましたね。突然のご質問!!!

なんかイヤだなあ、その言い方…。

それでご用件は（笑）？

まだ言うの？　まあいいや。あのね、おでんはなんで「おでん」っていうの？

「おでん」か…。これは難しいな。みそ田楽って知ってるかい？

こんにゃくに平たい串が刺さってて、みそダレがついているやつ？

それそれ！　そのみそ田楽なんだけど、昔はこんにゃくではなくて、豆腐だったんだよ。そもそも、「田楽」とは笛や太鼓のリズムに合わせ踊った田植えのときの豊穣《ほうじょう》祈願の音楽に合わせた踊りで、１本竿の竹馬に男が乗って踊ったらしい。その田楽踊りの姿が、ちょうど細長く切った豆腐に竹串を打って焼いたものに似ていたことから、「豆腐田楽」の名がついたらしい。その田楽の「田」に「お」がついて「おでん」なんだよ。

へえ～すごいね。

そうだ、おでんの種の種類がどのくらいあるか知っているかい？

おでんの種…「種」??

そうだ、おでん種とは、おでんの具材のことだ。もともと、田楽が豊穣祈願の音楽に合わせた踊りだから、田んぼに種をまく感じなんだよ。だから、おでん種というんだ。

要するにおでんの種類ね。つみれ、はんぺん、揚げボール、こんにゃく…。

結構知ってるね。先生が思い浮かぶのは厚揚げ、イカ巻、うずらの玉子、がんもどき、きんちゃく、餃子巻き、ぎんなん、昆布、ごぼう巻き、さつま揚げ、じゃがいも、しいたけ、しゅうまい巻き、大根、玉子、タコ、ちくわ、ちくわぶ、豆腐、ばくだん…。

先生ヤバいぐらい知ってるね～。

まあね。おでん、好物なんだ（笑）。

ねえ、きんちゃくとか、ばくだんってなに？

きんちゃくは、油揚げのなかにお餅が入っていて、ばくだんは、さつま揚げのなかにゆで玉子が入っているんだ。

あっ、食べたことある！　おいしいよね。

おでん出汁《だし》によく漬かったばくだんはおいしいんだよ。

本当に先生好きなんだね。

おでんはね、ご当地おでんもあるんだぞ！

まだあるの？

黒おでんというのがあって、これは静岡のおでんだ。そうそう、関西では関東のおでんを関東炊きっていうんだ。ますます、食べたくなってきた！　そうだ、買いにいこう。

コンビニに売ってるね！

そう、おでんはね、まさに、昔からあるファーストフードなんだ。いまはコンビニ、昔は屋台って感じだ。

だんだん、先生の顔がおでんに見えてきた。

そのおでんネタは？

はんぺん。

なんで？

出汁を吸ってどんどん膨らむばかり！

おあとがよろしいようで…（涙）。

高校受験 ここが知りたい Q&A

Question & Answer

Q

各科目の成績に差があります。どうしたらバランスがよくなりますか。

科目ごとの成績にばらつきがあり、「もっとバランスよく勉強をしなさい」と言われます。数学や社会はよくできますが、理科はそれほどでもなく、国語はなかなか点数が伸びません。バランスのとれた成績にする方法はありますか。

（横浜市・中1・YT）

A

得意・不得意科目があることがプラスに働くこともあるので心配しないで。

周囲のみなさんの「各科目バランスのいい成績にするべきだ」というアドバイスはその通りだと思います。入試の合否は、特定の１科目だけで決まるわけではなく、入試科目全体の得点によって判断されるからです。

しかし、入試までまだ時間に余裕があるいまの段階において、科目ごとの得点バランスはあまり心配しすぎなくても大丈夫です。むしろ、得意科目があることは大きな長所だととらえてみてはいかがでしょう。自分の長所を存分に伸ばしていくことも重要なことですし、もし１科目でも「これだけは人に負けない」と自信の持てるものができれば、それは大きな武器になります。

また、勉強時間においても、得意・不得意がはっきりしているのであれば、得意科目をやや短めにして、不得意科目や不得意分野に多くの時間をあてるという工夫もできます。

もちろん、総合成績で評価される場合には、不得意科目が足を引っ張ってしまうこともあるでしょう。そのときは得意科目と比較して、不得意科目はどこがわからないのか、なぜ得点が伸びないのかを考えることでヒントがつかめるはずです。

得意・不得意科目があることはマイナスなことばかりではないので、得意科目はより伸ばし、ほかの科目は少しずつマスターするという姿勢で臨んでみてください。

Success Ranking

米・小麦の収穫量ランキング

主食としてみんなもよく食べているであろう米と小麦。でも、これらの収穫量が多い地域はどこか知っているかな？　今回は米と小麦それぞれの世界と日本の収穫量ランキングを紹介するよ。

米収穫量

世界ランキング

順位	国	収穫量(t)
1	**中　国**	2億0423万6000
2	インド	1億5780万
3	インドネシア	6905万6126
4	バングラデシュ	5049万7000
5	ベトナム	4366万1569
6	タ　イ	3746万8903
7	ミャンマー	2808万
8	フィリピン	1803万2422
9	ブラジル	1154万9881
10	日　本	1065万4000

日本ランキング

順位	都道府県	収穫量(t)
1	**新　潟**	65万6900
2	北海道	64万500
3	秋　田	54万6500
4	山　形	42万3000
5	茨　城	41万2000
6	宮　城	39万7400
7	福　島	38万1900
8	栃　木	34万4700
9	千　葉	33万6000
10	岩　手	30万9100

小麦収穫量

世界ランキング

順位	国	収穫量(t)
1	**中　国**	1億2102万3000
2	インド	9488万
3	アメリカ	6167万7387
4	フランス	4030万800
5	ロシア	3771万9640
6	オーストラリア	2990万5009
7	カナダ	2720万5200
8	パキスタン	2347万3000
9	ドイツ	2243万2000
10	トルコ	2010万

日本ランキング

順位	都道府県	収穫量(t)
1	**北海道**	55万1400
2	福　岡	5万7600
3	佐　賀	3万4400
4	群　馬	2万3600
5	愛　知	2万3200
6	滋　賀	2万1400
7	三　重	2万800
8	埼　玉	1万9200
9	熊　本	1万6200
10	茨　城	1万5400

※世界のランキングは国際連合食糧農業機関（2012年）を、日本のランキングは農林水産省作物統計調査（2014年）を参照

受験情報

埼玉

公立高校への進路希望調査で市立浦和2.59倍

埼玉県は1月、2016年3月の中学校卒業予定者について進路希望状況調査の結果を公表した。

調査は2015年12月15日現在。

中学校卒業予定者総数は、前年比78人減の6万5934人。このうち高校等進学希望者は、前年比95人増の6万5045人で全体の98.7%で過去最高。

県内公立高校で志望倍率の高い学校は、全日制普通科では**市立浦和**2.59倍、**蕨**2.16倍、**市立大宮西**2.11倍、**川越南**2.04倍、**大宮**1.99倍。専門学科・総合学科では、大宮（理数科）2.68倍、**市立川口総合**（総合学科）2.48倍、蕨（外国語科）2.20倍、**川越工業**（建築科）2.10倍、**和光国際**（外国語科）2.01倍。

埼玉県のホームページでは、このほか学校ごとの進学希望者数、学校種・設置者別の進路希望状況など、詳細な結果についても確認できる。

高校英語

発信力強化のため4技能総合型が柱に

文部科学省は1月、高校における英語の改訂の方向性について、たたき台を示した。4技能を総合的に育成する「英語コミュニケーション（仮称）」と発信力を強化する「論理・表現（仮称）」で構成するほか、専門教科「英語」の各科目も見直すとしている。

高校生の英語力は、4技能全般、とくに「話すこと」「書くこと」の能力が課題とされ、発信力が弱いことから、改訂の方向性では4技能総合型の科目を核とし、発信能力の育成をさらに強化することが示された。

このほか、小・中・高校を通じて一貫した英単語の目標設定のあり方として、「小学校で600～700語程度」「中学校で1600～1800語程度」「高校で2000～2200語程度」という具体的な目標も提示した。現状では、「中学校で1200語」「高校で1800語」とされている。

Educational Column

15歳の考現学

公表された「大学新テスト」の問題イメージ
中学生にとって必要なのはその方向性の把握

森上《もりがみ》 展安《のぶやす》

森上教育研究所所長。1953年、岡山県生まれ。早稲田大学卒業。進学塾経営などを経て、1987年に「森上教育研究所」を設立。「受験」をキーワードに幅広く教育問題を扱う。近著に『教育時論』（英潮社）や『入りやすくてお得な学校』『中学受験図鑑』（ともにダイヤモンド社）などがある。教育相談、講演会も実施している。
HP：http://www.morigami.co.jp
Email：morigami@pp.iij4u.or.jp

考えることの楽しさを知っていくことが大切

大学入試センター試験に代わる新しいテストの「問題イメージ」が、2015年（平成27年）末の新聞紙面をにぎわしました。この新テストはいまのところ2020年（平成32年）に実施される、とされているものの、3月に文部科学省から最終的な方針が出される、というのが正確なところです。

その意味で、現在、中学生のみなさんすべてに関係があるわけではありません。しかし、変わる方向はもう示されているのですから、高校入試も、その方向が当然変わっていくことも考えなければなりません。

「問題イメージ」を冒頭で触れた新聞記事などでご覧になった方もいるでしょうが、問題自体ではなく、そのめざす方向を大づかみにするとどうなるのか、を中学生のみなさんも保護者の方もお知りになりたいのではないでしょうか。「問題イメージ」というと、まだ先の大学入試のことですから実感がわかないということがあるでしょうからね。

そこで、これを考えるときに正しい方法の1つは、「こう変えたい」と言っている当の責任者の話を聞くことだろうと思います。

じつはWEB上に「読売教育ネットワーク」という読売新聞の教育ポータルサイトがあって、ここにその責任者である高大接続システム改革会議座長・安西祐一郎元慶應義塾大学塾長のインタビューが掲載されています。これは記者の質問に応えたものですから、とてもわかりやすいやりとりになっています。

そこで安西先生が説かれているのが、さすがに認知科学者らしい表現だと感心したのですが、「考えることの楽しさを知っている受験生ほど挑戦しやすい」内容になっているのだ、というのです。

これは逆に言えば、あまり考えずにひたすら暗記をして、あるいは解法に習熟して、問題を見たら即座に解答を書き、ものの2分で仕上げる、といったことではない、ということになります。

ところがこの後者のテストがいまの大学入試センター試験のありようだ、というわけですから、これはかなり大学入試のやり方が変わってくるぞ、ということですね。

安西先生は、こうも言っておられます。「正答があるとわかっている小問を、解きやすいものから解くことで点数を積み重ねる経験を積み、場合によっては一発入試で人生が決まってしまう現状」「考えなくても世を渡っていけることを、国の試験がメッセージとして発信する時代は過去のものになりつつあります」。

さて、そういう目で文科省高大システム接続改革会議の示した「問題イメージ」を読むと、確かにあらかじめ答えが1つを想定した選択式のものと異なり、論述あり、問題解決ありで、一見、手強そうにも見えますが、一方で確かに「考えることが楽しい」と思える受験生にとって、これは挑戦しがいのある問題が並んでいます。

実際に2020年（平成32年）からになるのか、もっと遅れて2025年（平成37年）からになるのかは、3月の答申を待たないとわかりませんが、わかったことは、いずれにしろ、このような方向であるということです。

変わる方向を知っている高校を選ぶことも重要に

じつは、こういった問題は、なにも入試でなく日常的な日々の学習でやっていてほしいし、やるべきことだ、というのがもう1つ隠された文科省のメッセージです。

ですから、いまのような学校の授業を想定しているのではなくて、例えば国語であれば読解に明けくれるのではなく、論述であったり創作であったり、レポートであったりすることが前提となります。

あるいは、国語という教科のなかに入るかはともかく、ディベートなどもあってよいでしょう。

非常に簡単に言えば、単元について「わかる」ことを通じて、もう1つその先に「使える」（応用できる）という展開を用意した授業になることが想定されているのです。

その際の授業の方法としてアクティブラーニングという、1人ひとりの生徒が能動的、協働的に授業に参加することが求められます。しかしそこは「楽しく」なければ、つまり、自らの積極性がなければ、授業として成立しないということも起こりえるわけで、生徒も先生も事前の準備が必要になります。

それは一見難しいことのように考えがちですが、例えばいっしょに遊ぶために事前にあれこれ準備することってありますよね。これと同じことで、事前の仕込みが念入りにできていると、いっせいにそれらを持ち寄り、みんなといっしょにああでもないこうでもないと進めていく協働作業はすごくおもしろいものになります。

先生とすれば、生徒の反応によって授業のシナリオは二転三転することになりかねませんから、1人で講義して終わり、というシナリオを想定するいまの授業より、さまざまなシナリオを想定するぶん、予習・前準備は大変になります。

また、ただ聞いてノートに写すより、みんなとグループで話し合い、議論をまとめていくとすると、時間はかなりかかります。しかし一方で、与えられる課題も多くはなく、例えば1つの問題からさまざまな論点を吟味することで精選されるでしょうから、むしろ少ない問題を深く学ぶという方向になるでしょう。

そこで用いる方法論は、繰り返し学年をまたいで学ぶことになるはずで、そうした方法のスキルを身につけていくことにもなります。

はたして高校入試のどこまでがそういった新しい学びの方向でテストが作成されるかはわかりませんが、授業の方が先に変わっていくにこしたことはありません。

そこで問題になるのが、どうやったら、そのような授業を受けることができるのか、ということですね。

それはじつは大学でもそうなのですが、そのようなアドミッションポリシーを表明している学校こそ、そのような授業をする、ということです。こうしたことにノーコメントで、従来の入試をするところは、旧来の授業だと考えてよいでしょう。

できれば進学先に前者のような学校を選ぶにしたことはありませんが、全体がその方向に変わるのは、次の学習指導要領に移行する数年先になります。

したがって、進学したい学校が旧来の授業しかやっていないのなら、塾の方でそうした授業をしてくれるところを選ぶべきでしょう。

ただ、じつのところは学校の違いより個々の先生の考え方による違いがいまのところ大きいので、同じ学校のなかでもマダラ模様というのが実際でしょう。

いわゆる総合的学習の時間（学校独自のカリキュラムを週3時間設定できる）は、そのように変わるべきですし、変えられますから、そこに注目するのもよいでしょう。学校選びの新基準と言えると思います。

私立 INSIDE

2016年度東京都内 私立高校の初年度納付金

私立高校を選択するとき、気にかかるのはその費用です。東京都生活文化局は昨年12月、東京都内の全日制私立高校の来春入学者向け（2016年度）の学費を集計し発表しました。ここでいう学費とは初年度納付金の総額で、入学金、1年間の授業料、施設費、その他の合計です。この欄では普通科についてまとめました。

初年度納付金の総額は 平均5664円のアップ

都内の私立高校231校（のべ270学科）を対象に調べたもので、このうち初年度（入学年度）納付金総額（以下、「初年度納付金」）の値上げをした学校は、33校（14・3%）、値下げをした学校は1校（0・4%）、据え置いた学校は197校（85・3%）でした。

初年度納付金の平均額は90万4449円で、前年度に比べて5664円（0・6%）増加しました。

費目別では**【表1】**に示した通り、授業料は平均44万1547円で前年度比0・6%増。

入学金は平均25万767円で前年度比0・5%の増、施設費は平均4万7252円で同1・2%の減などとなっています。

長期据え置き校もあれば 値下げした学校もある

都内の私立高校には**【表2】**のようにのべ270学科がありますが、学費の推移を学科別に見ると据え置いた学科が231学科ありました。また、値下げをした学科が1学科あります。コースによって学費が異なる場合は、それぞれ1学科として計算しています。

初年度納付金総額を据え置いた学校は、25年連続の**頌英女子学院**（高校募集なし）をはじめ198校ありました（値下げ校を含む）。以下に据え置き期間が長い学校の上位を並べてみます。なお、〔 〕内は高校募集をしていない学校です。

①25年連続　1校　〔頌栄女子学院〕
②24年連続　4校　**鶴川**、**大東学園**、**帝京大学高**、**錦城**
③23年連続　1校　**武蔵野**
④22年連続　1校　**錦城学園**
⑤21年連続　1校　〔**共立女子**〕
⑥20年連続　1校　**慶應女子**
⑦19年連続　2校　〔**和洋九段女子**〕、〔**大妻中野**〕
⑧18年連続　7校
⑨17年連続　4校
⑩16年連続　3校
⑪15年連続　4校
⑫14年連続　10校
⑬13年連続　7校
⑭12年連続　8校
⑮11年連続　5校

などとなっています。

値上げ額の大きい学校としては、**国本女子**＋12万円、**玉川学園高等部**＋10万3000円、**豊南**＋10万円、

【表1】都内私立高校納付金・各費目の平均額

	授業料	入学金	施設費	その他	初年度納付金（総額）	＜参考＞検定料
2016年度	441,547円	250,767円	47,252円	164,884円	904,449円	22,342円
2015年度	439,071円	249,474円	47,824円	162,417円	898,785円	22,252円
値上げ額	2,476円	1,293円	－572円	2,467円	5,664円	90円
値上げ率	0.6%	0.5%	－1.2%	1.5%	0.6%	0.4%

【表2】学科で見た都内私立高校・学費の推移（値上げ率の内訳）

値上率		延べ計	5%以上	4%以上5%未満	3%以上4%未満	2%以上3%未満	1%以上2%未満	1%未満	値下げ	据置き	コース等新設	新設校・募集再開
学科数	2016年度	270学科	11学科	3学科	3学科	8学科	11学科	2学科	1学科	231学科	0学科	0学科
			4.1%	1.1%	1.1%	3.0%	4.1%	0.7%	0.4%	85.6%	0.0%	0.0%

三田国際学園＋8万4000円、**品川エトワール女子**＋7万8000円、などがありました。

さて、初年度納付金総額の最高額は今年も玉川学園（普通科国際バカロレアクラス）の188万3000円、最低額は昨年までと同様、**東洋女子**で59万円でした。

全日制普通科に限ってみた場合の初年度納付金について、高い学校5校と安い学校5校を並べたのが**【表3】**です。

高い学校5校は、ダブルディプロマコースが2年目の**文化学園大杉並**などが昨年と同じ顔ぶれです。安い学校5校では、昨年の国本女子に変わって**淑徳**留学コースが顔を出しています。

任意だが寄付金や学校債を求める学校もある

このほか、入学時に任意の費用として寄付金や学校債を募集する学校があります。これらに応じないからといって合否や就学に影響があるわけではありません。

各学科で寄付金を募集する学校は84校、学校債を募集する学校は8校、合わせてのべ92校があります。このうち寄付金、学校債の両方を募集する学校は6校です。

募集額の平均は、寄付金で12万5060円、学校債は12万5000円ですが、ともに25万円を超えている学校もあります。

【表3】都内私立高校全日制普通科　初年度納付金が高い学校・安い学校

	高い学校		安い学校	
	金額	学校名	金額	学校名
初年度納付金（総額）	1,883,000円	玉川学園高等部（国際バカロレア）	590,000円	東洋女子
	1,446,000円	文化学園大杉並（ダブルディプロマ）	633,000円	鶴川
	1,393,000円	玉川学園高等部（一般）	724,800円	立川女子
	1,230,000円	学習院高等科、立教池袋	732,250円	淑徳（留学）
	1,210,000円	成城学園	738,000円	日本女子体育大附属二階堂

公立 CLOSE UP

志望校調査から探る 2016年度都立高校入試

安田教育研究所 副代表 **平松 享**

東京都内の公立中学3年生による「志望予定調査」の結果から、2016年度の都立高校入試の傾向を進学指導重点校などを中心に調べました。また、今春から一般入試の仕組みが大きく変わります。入試制度が変わる年は学校選びに変化が起こりやすくなります。どんな変化があるのかも見ていきます。

平均志望倍率1・33倍 4年連続最高値をキープ

20年ほど前、都立校が単独選抜に変わったとき、一般入試の平均応募倍率が、前年の1・64倍から1・47倍に急落しました。変更を不安に感じた受験生が入試日程の早い私立校を選んだためです。**日比谷**、**西**、**戸山**など、当時の学区トップ7校が2次募集を行うという前代未聞の結果になりました。

今回の調査では、受験生が私立校へ志望先を変える動きがどの程度高まるか、そこに関心が集まりました。

結果は驚くべきものでした。都立校の平均志望倍率は、昨年とまったく同じ1・33倍で、3年前にマークした過去最高の値を4年続けてキープしたのです**（表1）**。

私立校など（国立校や他県を含む）の志望者の割合も前年とほぼ同じで、20年ほど前のような私立校への流出はほとんどありませんでした。

「実技4科の内申を2倍する」という調査書点の計算方法の変更では、実技の苦手な男子が不利になります。普通科旧学区男子の倍率は低下すると予想されていましたが、この値も、前年と同じ1・37倍でした。変更で有利になる女子が多かったせいか、旧学区女子の倍率は1・42倍→1・47倍と、急上昇しました。

変更点ごとの影響少ない 上位男子に警戒感

このほかの変更点について調べると、次のようなことがわかりました。

「学力検査は5科に統一」では、**足立新田**など、のべ28校が3科→5科に変わりましたが、このうち男女とも、または全学科とも昨年より志望倍率を下げた学校は、**晴海総合**など6校だけでした。逆に、上げた学校が7校もあり、残りは男女や科によって、上げたり下げたりしていました。

「学力検査点と調査書点の比率を7対3に統一」では、のべ80校近くが変更となりましたが、このうち旧学区にある37校について調べると、男女ともに倍率を下げた学校は、**石神井**など8校だけ。そのほかの学校は男女ともに上げたり、男女で異なる動きをしたりと、変更を反映した結果はほとんど見えませんでした。

変更による直接的な影響より、内申点の満点が65点になる調査書点の重みがどう変わるのか、不安心理が働いて、とくに上位校の男子の志望

者に、強い警戒感があるようにみえます。

偏差値57～62にくぼみ 進学指導重点校男女で対照的

【表2】は、普通科（学年制、旧学区）の高校を、模試の合格基準で6つのレンジに区切り、レンジごとの平均志望倍率を、一昨年から並べて示しました。

今年のグラフでは、男女ともに、偏差値57～62のレンジの棒が両側より低くなっているのがわかると思います。このレンジの平均志望倍率は、昨年→今年で、男子は1・61倍→1・45倍、女子では、1・63倍→1・52倍と大幅にダウンしています。

男子は、63以上のレンジでも、1・85倍→1・68倍と大きく下げています。

一方女子は、1・62倍から1・66倍へ、ややアップしています。実技の内申が高い女子が、強気で志望しているようにみえます。

進学指導重点校では、男子が、最近5年間で最も少ない志望者数に止まりました。7校平均の志望倍率は昨年→今年で、大幅に下がりました。

逆に女子は、最近7年間で最も多い志望者を集め、1・62倍→1・66倍と男子に迫っています。

【表1】都立高校志望倍率の推移

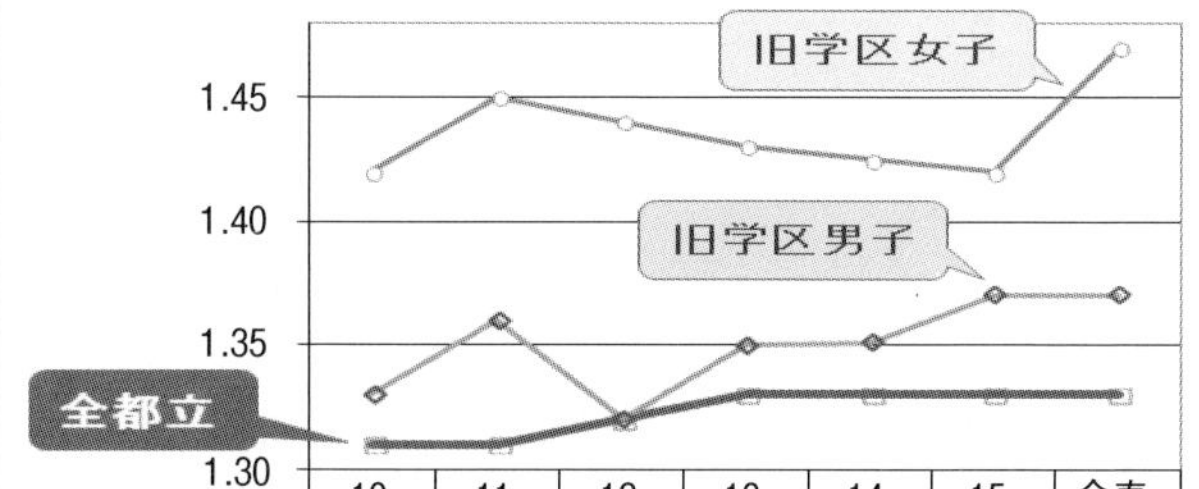

	10	11	12	13	14	15	今春
都立計	1.31	1.31	1.32	1.33	1.33	1.33	1.33
普学(男)	1.33	1.36	1.32	1.35	1.35	1.37	1.37
普学(女)	1.42	1.45	1.44	1.43	1.42	1.42	1.47

【表2】レンジ別志望率

男子

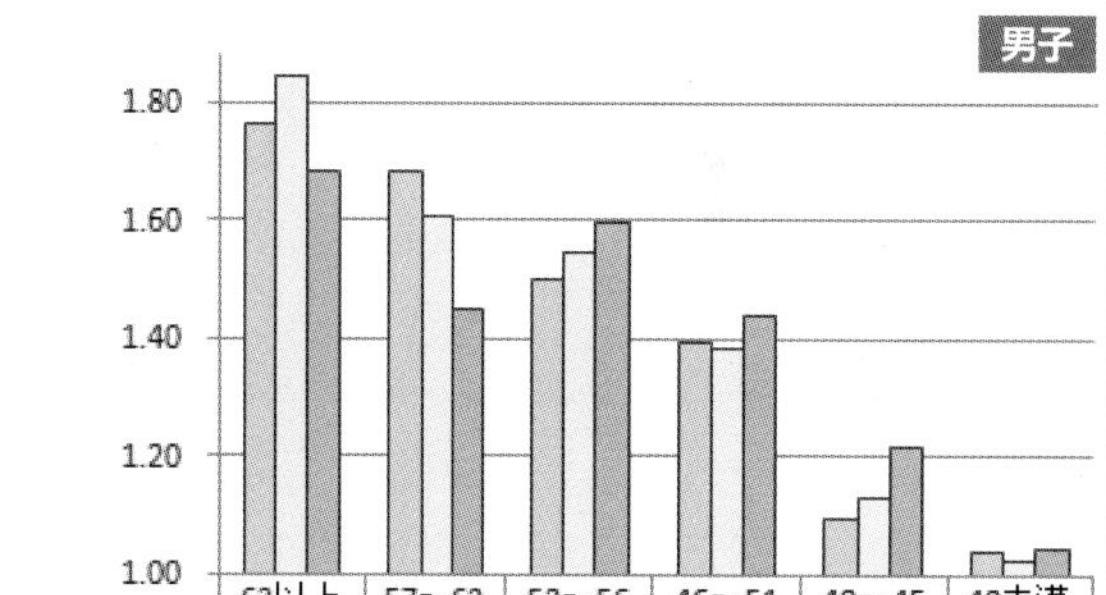

	63以上	57～62	52～56	46～51	40～45	40未満
14年度	1.76	1.68	1.50	1.39	1.09	1.04
15年度	1.85	1.61	1.54	1.38	1.13	1.03
16年度	1.68	1.45	1.60	1.44	1.22	1.05

女子

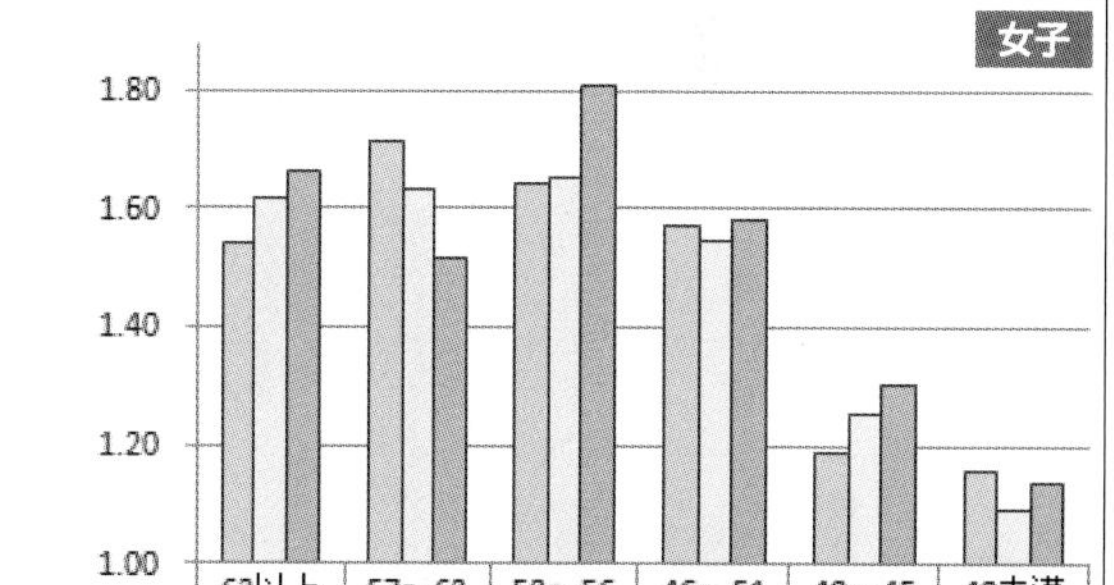

	63以上	57～62	52～56	46～51	40～45	40未満
14年度	1.54	1.71	1.64	1.57	1.19	1.16
15年度	1.62	1.63	1.62	1.55	1.25	1.09
16年度	1.66	1.52	1.72	1.65	1.31	1.14

重点7校の志望者数を昨年と比べると、男子では、日比谷、戸山、**立川**の3校が、大きく減らしています。

3校の前年からの減少数と志望倍率の変化は次の通りです。日比谷…66人減（2・13倍→1・73倍）、戸山…64人減（2・30倍→1・92倍）、立川…65人減（1・82倍→1・43倍）。

このほかの4校も、西…4人減、**国立**…9人減、**八王子東**…15人減、**青山**…同数と、昨年より志望者数を増やした学校がありませんでした。

女子でも、日比谷…35人減（1・83倍→1・60倍）、西…44人減（1・40倍→1・11倍）と大幅に減らす学校もありましたが、青山…50人増（1・83倍→2・48倍）、立川…40人増（1・28倍→1・55倍）、八王子東…33人増（1・25倍→1・47倍）と、大幅に増やす学校もあり対照的な結果でした。

進学指導重点校の志望者の動きは、調査書点の換算方法の変更と関係がありそうです。また、「特別選考」を実施していた学校が減っていることも、変更の影響を受けているものと考えられます。

特別推進校と推進校 基準の低い方へシフト

進学指導特別推進校では、**小山台**の男子、**駒場**の女子、**町田**の男女と**国際**が減らし、6校の男女合計で86人減（1・82倍→1・67倍）と、ダウンしました。

進学指導推進校では、**三田**が男子は49人減（2・10倍→1・50倍）、女子が58人減（2・52倍→1・77倍）と、大幅に低下、13校男女合計で58人減（1・61倍→1・56倍）とダウンしています。

このように上位校では、男子を中心に志望者を減らしましたが、それぞれの志望者が基準の低い学校に志望先をシフトした模様で、私立への移動はあまりめだちませんでした。

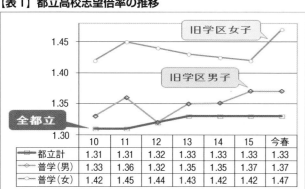

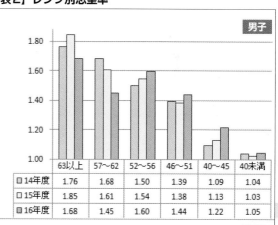

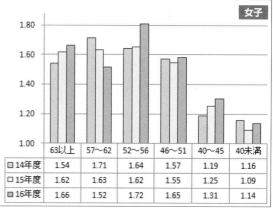

進学指導重点校

志望者数と倍率

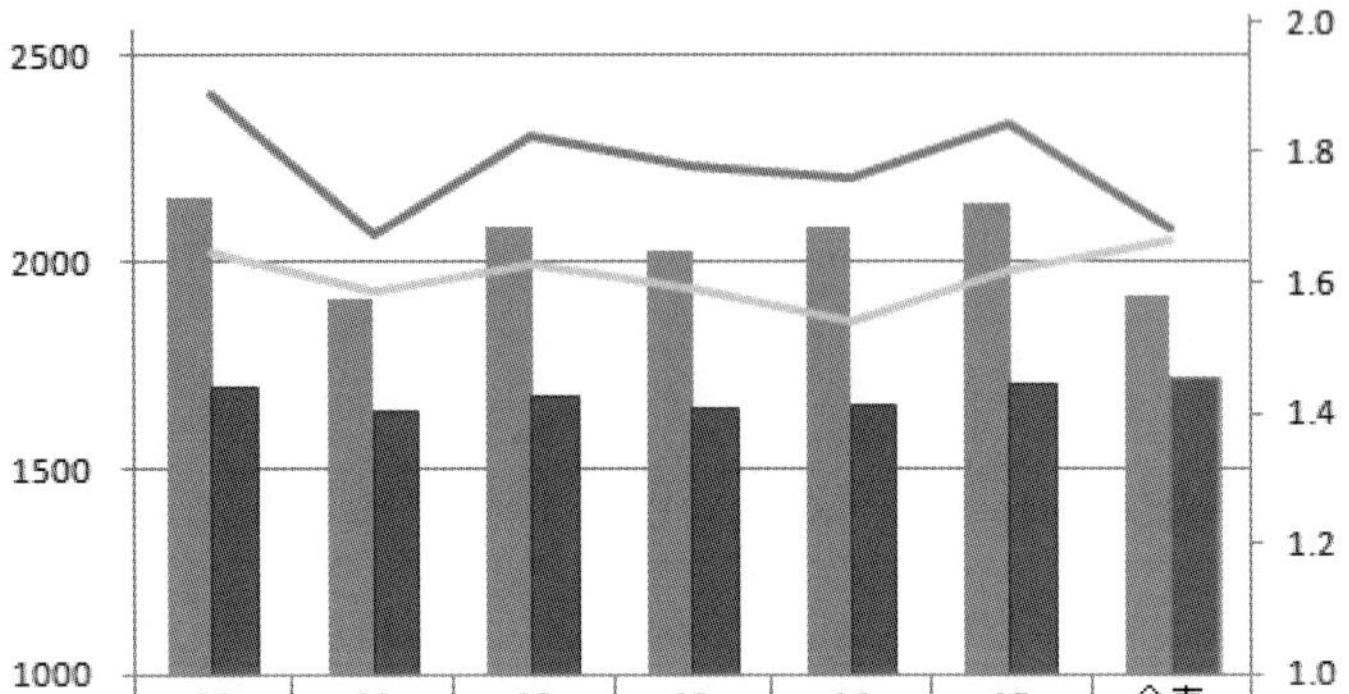

	10	11	12	13	14	15	今春
男子 志望者数	2157	1907	2084	2027	2088	2144	1921
女子 志望者数	1699	1640	1677	1648	1649	1703	1717
男子 志望倍率	1.89	1.67	1.82	1.78	1.76	1.85	1.68
女子 志望倍率	1.65	1.59	1.63	1.59	1.54	1.62	1.66

日比谷男子

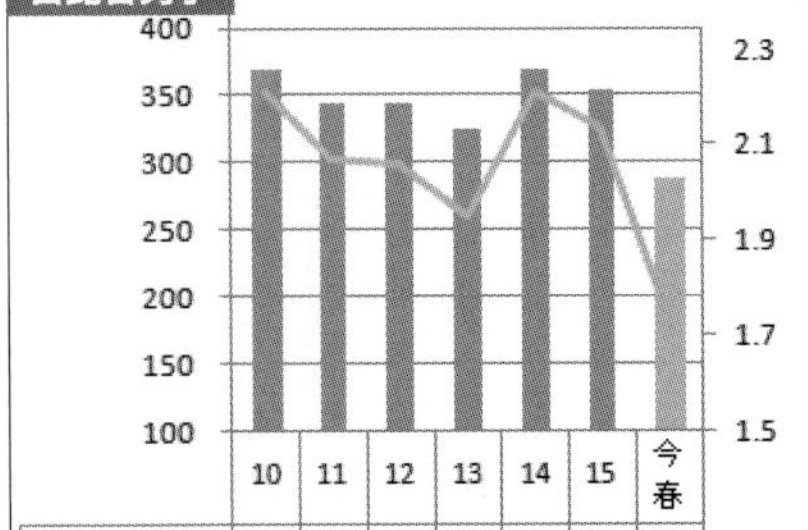

	10	11	12	13	14	15	今春
志望者数	369	344	344	324	369	354	288
志望倍率	2.21	2.07	2.06	1.95	2.21	2.13	1.73

日比谷女子

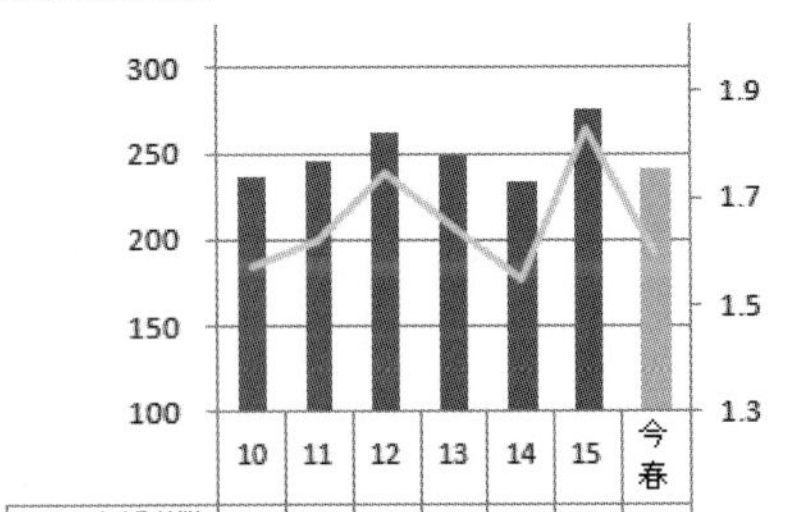

	10	11	12	13	14	15	今春
志望者数	236	245	262	248	233	276	241
志望倍率	1.57	1.62	1.75	1.64	1.55	1.83	1.60

国立男子

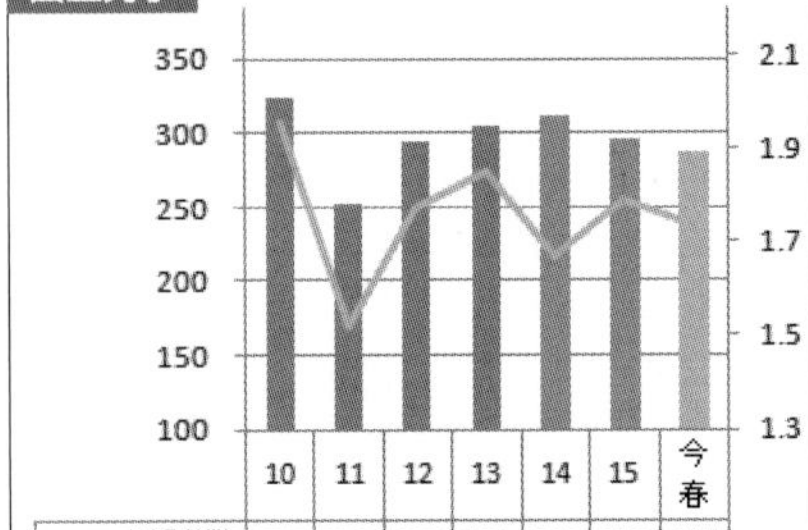

	10	11	12	13	14	15	今春
志望者数	325	252	294	305	312	297	288
志望倍率	1.96	1.52	1.77	1.85	1.67	1.79	1.73

西女子

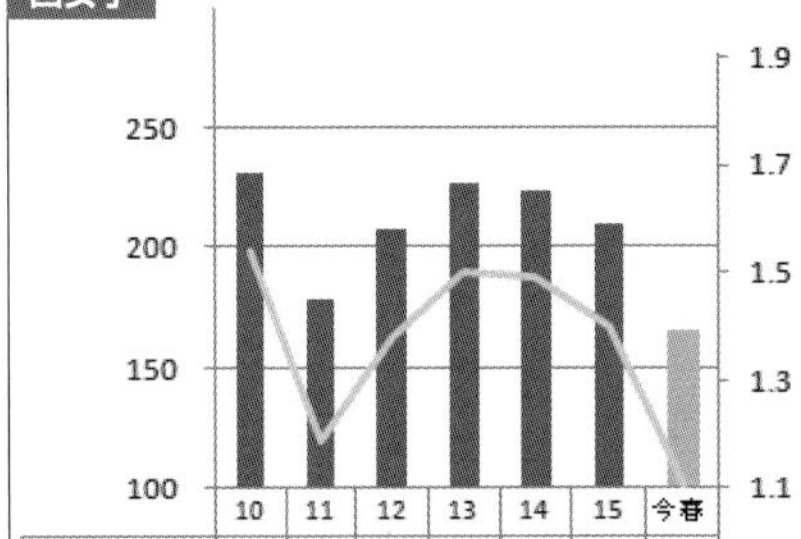

	10	11	12	13	14	15	今春
志望者数	231	178	207	227	224	210	166
志望倍率	1.54	1.19	1.38	1.50	1.49	1.40	1.11

西男子

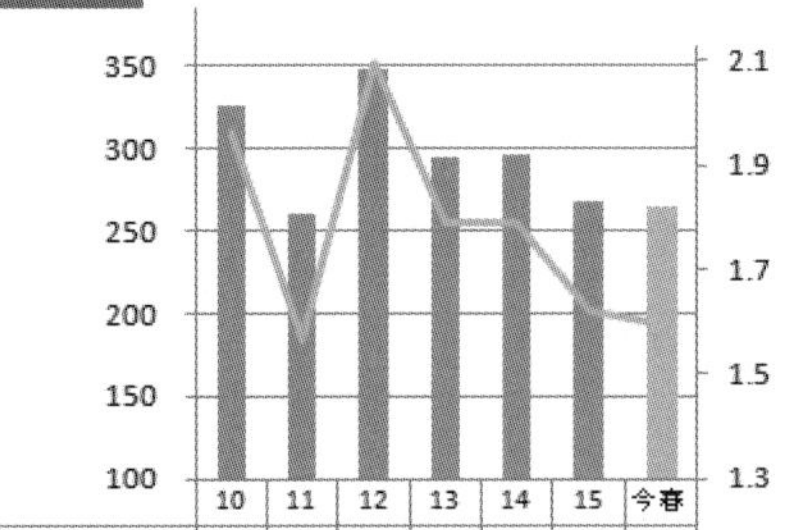

	10	11	12	13	14	15	今春
志望者数	326	260	348	295	297	269	265
志望倍率	1.96	1.57	2.10	1.79	1.79	1.62	1.60

戸山女子

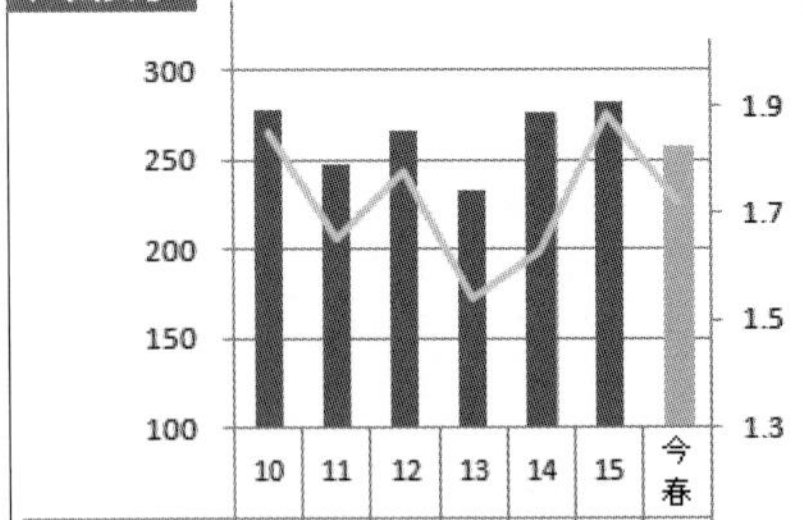

	10	11	12	13	14	15	今春
志望者数	278	248	267	233	276	283	258
志望倍率	1.85	1.65	1.78	1.54	1.63	1.89	1.72

戸山男子

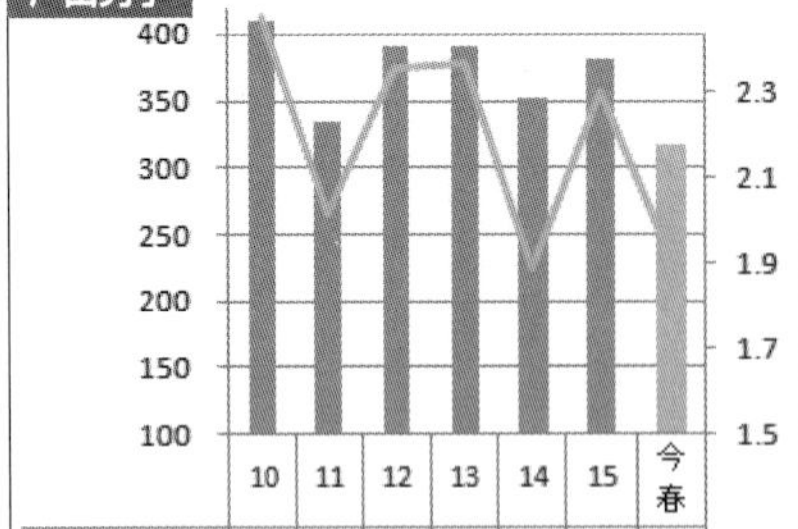

	10	11	12	13	14	15	今春
志望者数	411	335	391	391	353	382	318
志望倍率	2.48	2.02	2.36	2.37	1.89	2.30	1.92

国立女子

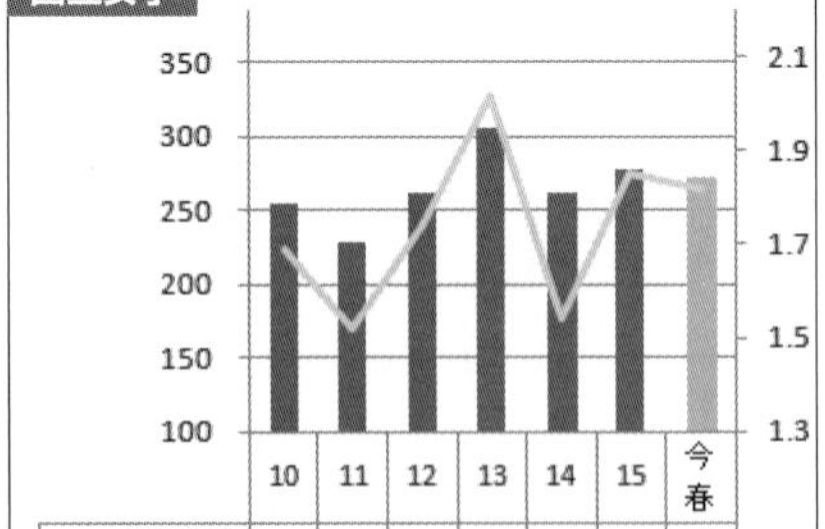

	10	11	12	13	14	15	今春
志望者数	254	228	261	305	261	278	273
志望倍率	1.69	1.52	1.74	2.02	1.54	1.85	1.82

八王子東男子

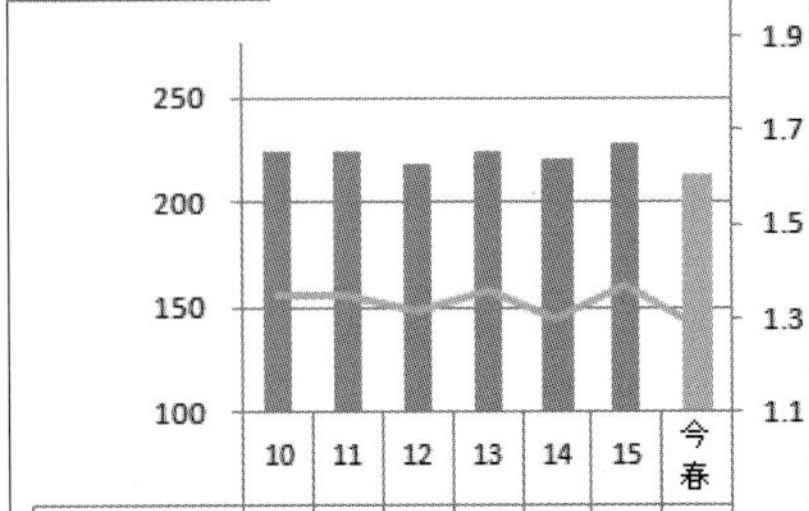

	10	11	12	13	14	15	今春
志望者数	224	224	218	224	220	228	213
志望倍率	1.35	1.35	1.31	1.36	1.3	1.37	1.28

青山女子

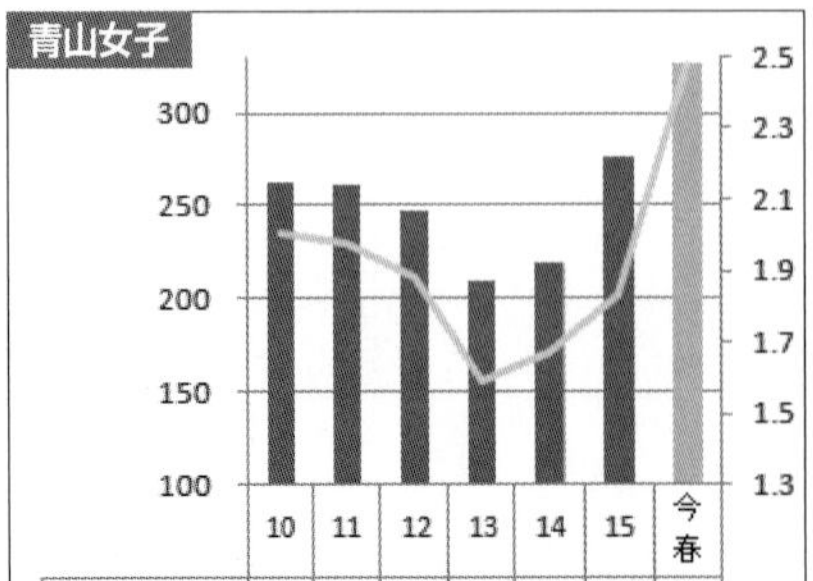

	10	11	12	13	14	15	今春
志望者数	263	261	247	210	219	277	327
志望倍率	2.01	1.98	1.89	1.59	1.67	1.83	2.48

青山男子

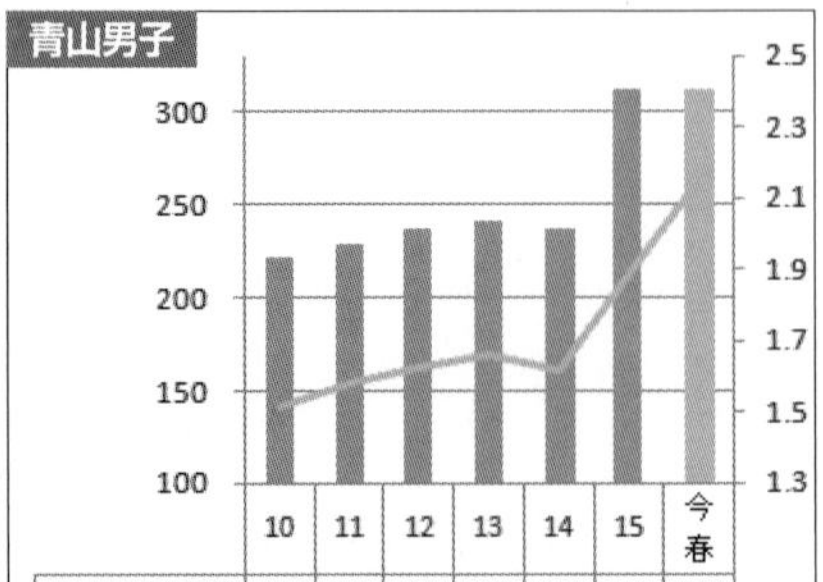

	10	11	12	13	14	15	今春
志望者数	221	229	237	241	237	312	312
志望倍率	1.51	1.58	1.62	1.66	1.62	1.88	2.15

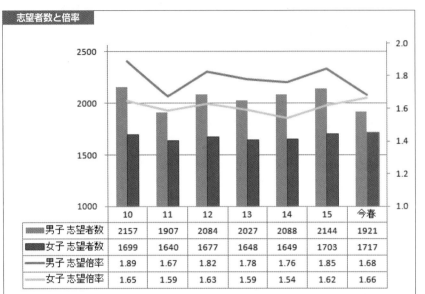

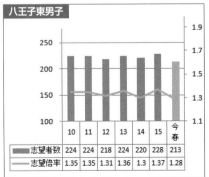

立川女子

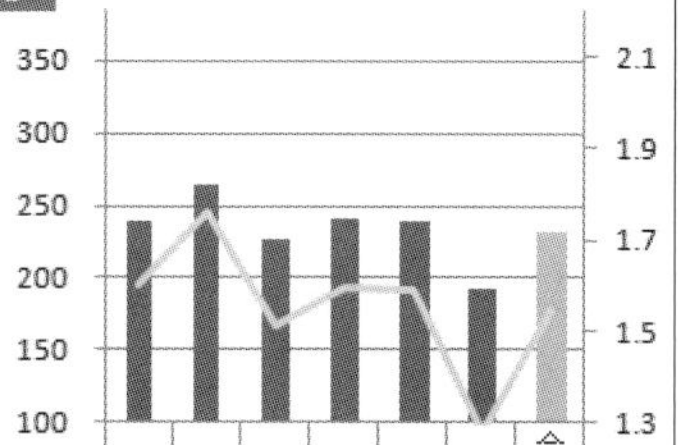

	10	11	12	13	14	15	今春
志望者数	240	264	227	241	239	192	232
志望倍率	1.60	1.76	1.51	1.60	1.59	1.28	1.55

立川男子

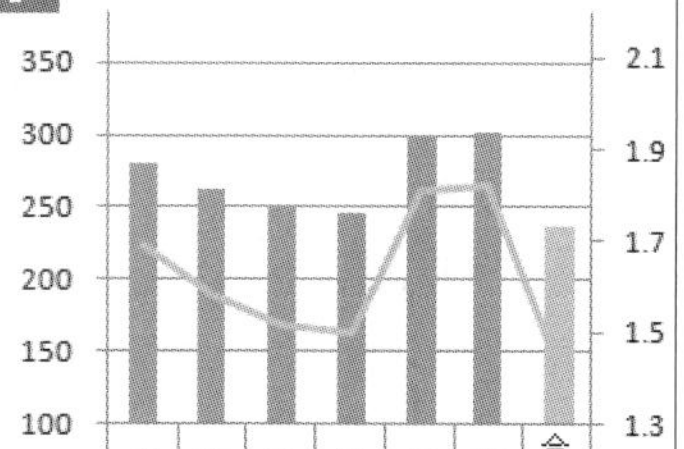

	10	11	12	13	14	15	今春
志望者数	281	263	252	247	300	302	237
志望倍率	1.69	1.58	1.52	1.50	1.81	1.82	1.43

八王子東女子

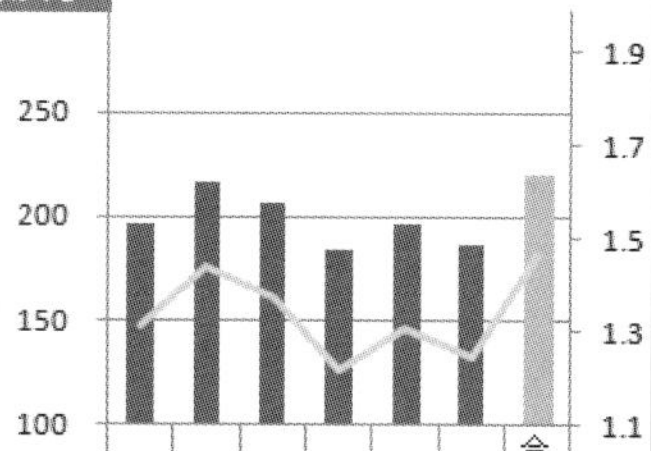

	10	11	12	13	14	15	今春
志望者数	197	216	206	184	197	187	220
志望倍率	1.31	1.44	1.37	1.22	1.31	1.25	1.47

進学指導推進校

推進校合計（最近7年間）

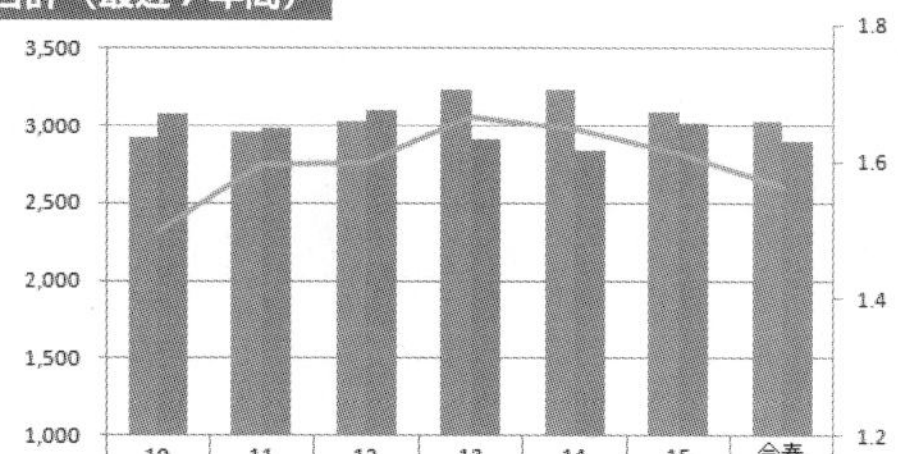

	10	11	12	13	14	15	今春
男子 志望者数	2918	2951	3034	3235	3226	3086	3028
女子 志望者数	3073	2986	3102	2906	3010	3015	2894
推進校 志望倍率	1.50	1.60	1.60	1.67	1.65	1.61	1.56

進学指導特別推進校

特別推進校男女計

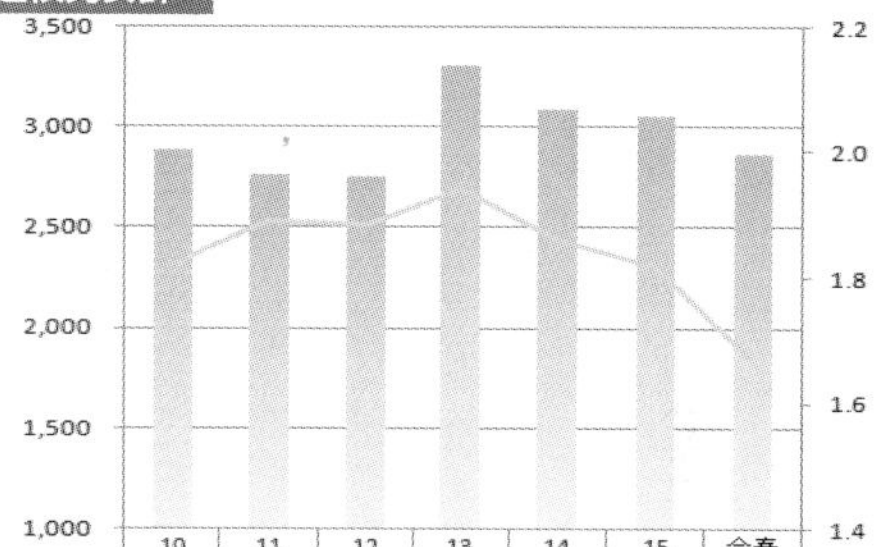

	10	11	12	13	14	15	今春
志望者数	2881	2761	2755	3303	3090	3055	2863
志望倍率	1.82	1.89	1.89	1.94	1.86	1.82	1.67

国際男女計

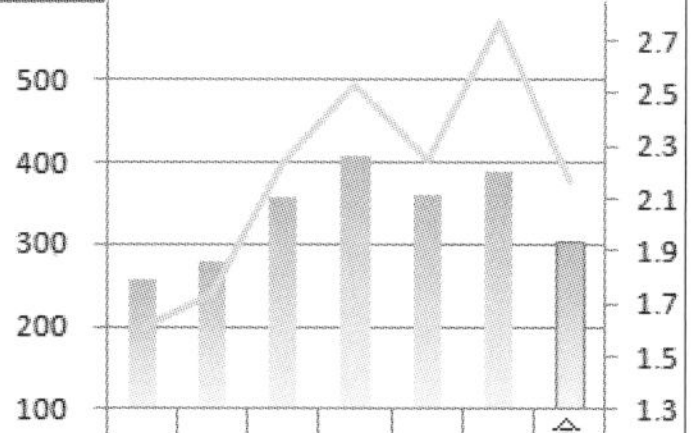

	10	11	12	13	14	15	今春
志望者数	258	278	358	406	360	388	304
志望倍率	1.61	1.74	2.24	2.54	2.25	2.77	2.17

国分寺男女計

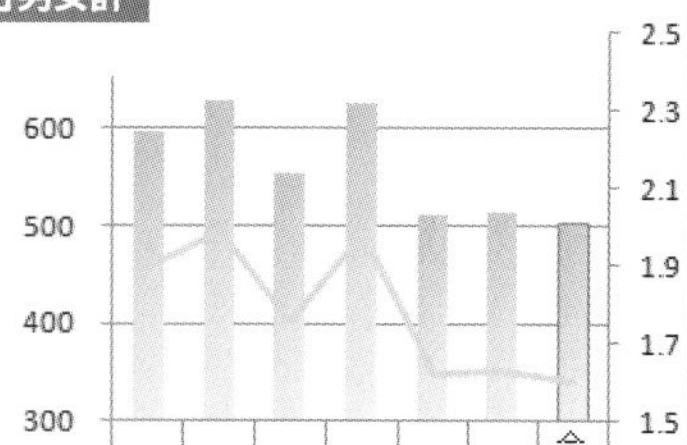

	10	11	12	13	14	15	今春
志望者数	598	628	554	626	511	515	505
志望倍率	1.89	1.99	1.75	1.98	1.62	1.63	1.60

新宿男女計

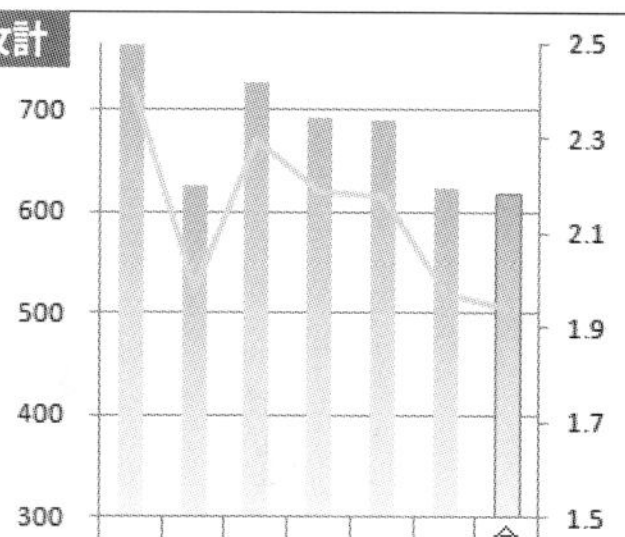

	10	11	12	13	14	15	今春
志望者数	763	626	726	691	689	623	618
志望倍率	2.41	1.98	2.30	2.19	2.18	1.97	1.94

駒場男子

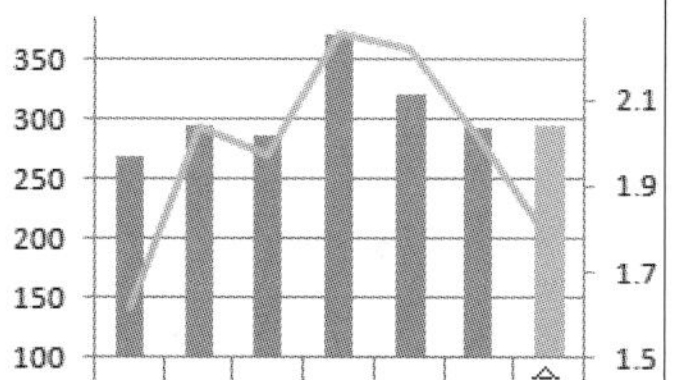

	10	11	12	13	14	15	今春
志望者数	268	295	286	372	322	292	296
志望倍率	1.61	2.03	1.97	2.25	2.22	2.01	1.78

小山台女子

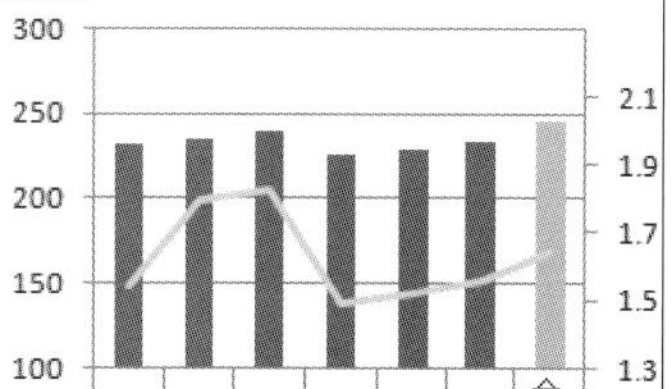

	10	11	12	13	14	15	今春
志望者数	232	235	239	225	228	234	246
志望倍率	1.55	1.79	1.82	1.49	1.52	1.56	1.64

小山台男子

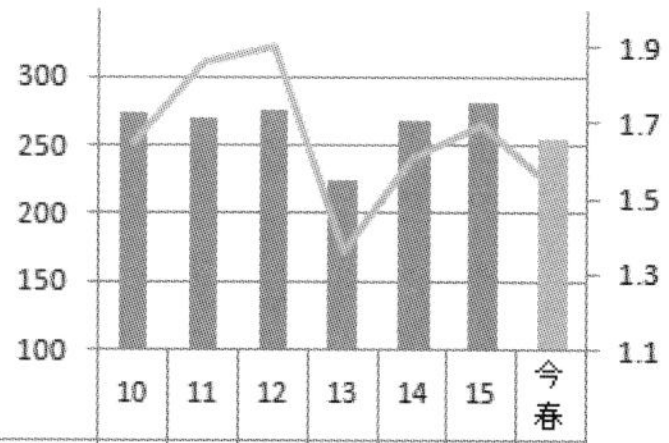

	10	11	12	13	14	15	今春
志望者数	274	270	276	224	267	281	254
志望倍率	1.65	1.86	1.90	1.36	1.61	1.69	1.53

町田女子

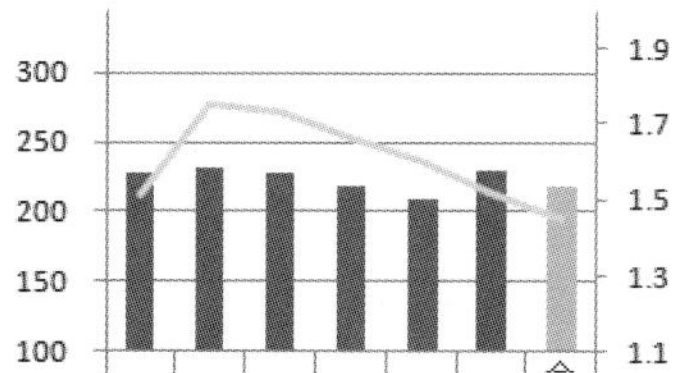

	10	11	12	13	14	15	今春
志望者数	227	231	227	219	210	229	219
志望倍率	1.51	1.75	1.73	1.66	1.6	1.52	1.45

町田男子

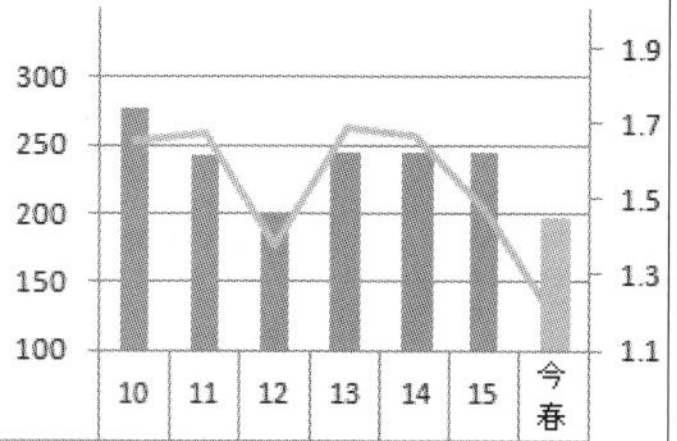

	10	11	12	13	14	15	今春
志望者数	276	243	201	245	244	245	197
志望倍率	1.65	1.68	1.38	1.69	1.67	1.48	1.19

駒場女子

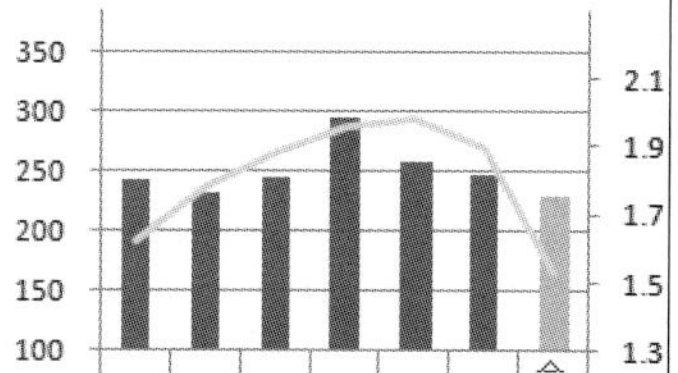

	10	11	12	13	14	15	今春
志望者数	243	233	246	295	259	248	230
志望倍率	1.62	1.78	1.88	1.95	1.98	1.89	1.53

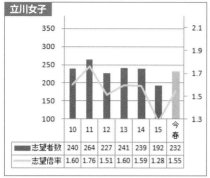

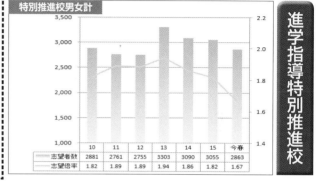

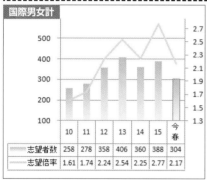

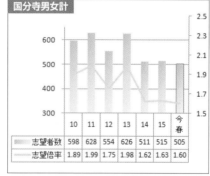

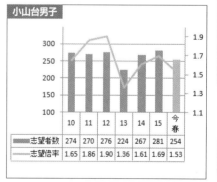

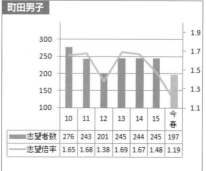

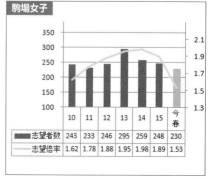

高校入試の基礎知識

BASIC LECTURE

私立・公立・国立高校 それぞれの違い

この3月号は、2016年度入試のまっただなかの発売号になりました。中学3年生のみなさん、これまでの努力を信じて、あとひと踏ん張り頑張ってください。さて、このページは、受験生や保護者のみなさんに「高校入試の基礎知識」を知ってもらうコーナーです。今月号から、その焦点をいまの中学2年生、1年生に移してのスタートとなります。

高校には設立母体によって 3つのタイプがある

中学1、2年生のみなさんが、高校受験を知るために、まず「学校選びの基礎知識」から始めましょう。

そのために、今月号では巻頭の特集のなかで「志望校の選び方」についてお話ししました。

さて、みなさんは高校入試の受け方を考える前に、どんな高校に進み、どんな生活を送りたいのかを考える必要があります。

もちろん、みなさんの頭のなかには「楽しい高校生活を送りたい」ということが一番にあるでしょう。

では、その楽しい日常をどこで送るのでしょうか。

高校では、行事や部活動で、学校にいる時間は中学校時代よりも長くなりますし、友だちとの交流も、もっともっと深いものになります。

夏休み、冬休みも家庭にいるのではなく、学校に出かけていくのが高校生です。

勉強や部活動で求められるものが難しくなったりするぶん、担任の先生や部活動顧問との心のやりとりも、中学校とは違った「大人のつきあい」に近いものになっていきます。

そのような一連の日常が、「青春」を彩るものであり、自らを成長させ、大人への一歩を踏み出していく…それが高校生です。その舞台が「高校」なのです。

つまり、高校生活をエンジョイするために、そのステージである学校をどう選ぶか、いかに自分に合ったところを選び取っていくかが、大切なポイントです。

このように高校受験の第1歩は「学校選び」であることがおわかりでしょう。繰り返しになりますが、自分に合った学校をどのように選び取っていくかが、高校受験の根幹ともいえるのです。

では、そのために、まず、高等学校にはどのような学校があるのかを知るところから始めましょう。

巻頭の特集でも「志望校を選ぶために」というコーナーのトップで、「国立・公立・私立…第1志望をどうするか」についてお話ししました。ここではこのテーマについて、もう少し深くお伝えしようと思います。

高等学校は、その設立母体によって「私立」「公立」「国立」と大きく3つに分けることができます。

まず、その違いを見ていくことにします。

私立高校

それぞれに個性と魅力 理解したい「教育理念」

首都圏の4都県（東京・神奈川・千葉・埼玉）には417校もの私立高校が存在します。

私立高校は各種団体や個人が設立し、学校法人が運営にあたっている学校です。学校それぞれの裁量で教育に独自性が認められているため、建学の精神によって、なにを重視してどんな教育をするのかという、いわゆる教育方針が各学校によって異なります。校風もさまざまで、個性豊かな学校が多いのが特徴です。受験生の側にとっては選択肢が多いということにもなります。

また、その教育理念によって男子校、女子校、共学校に分かれます。

私立高校にもいくつかタイプがあり、進学校として大学受験を意識したカリキュラムを優先的に組む高校、系列の大学や短大に優先的に進学できる大学附属校、就職に有利な専門課程を持つ高校などがあります。

部活動で秀でた実績を持つ高校、心の教育に力を入れている高校など、進学実績だけでなくさまざまな角度から学校選びができるのも私立高校の魅力です。

私立高校は公立高校と比べると普通科の割合が多くなります。

最近は普通科のなかをさらに細分化して、特進コース・進学コース・文理コースなどを開設し、卒業後に目標とする大学に合わせたカリキュラムを組むなど、進学指導を重視して受験生にアピールする高校が増えています。

このほか、私立高校には学力によるコースとは別に、さまざまな学科やコースが設定されています。学科やコースには、理数系、外国語系、工業系、商業系、農業系、看護系、スポーツ系などがあります。特定の分野（例えば商・工業系や看護系）への進路が明確で、大学進学についてもその進路につながる選択を考えている場合には、専門学科・コースから学校を選んでいくのも得策です。

このように、私立高校はその数だけ校風・特色があります。

首都圏は、全国でも最も多く私立高校が存在しており、たくさんの魅力ある学校から自分に合う高校を選ぶことができる恵まれた環境といえます。

ただ、その高校の特色を理解しないで入学してしまうと、ミスマッチとなり、後悔ばかりの3年間となってしまいます。高校を選ぶときは、学校説明会などで学校の様子をよく観察し、自分の感性で研究することが大切です。

私立高校は、総じて施設・設備面がかなり充実し、特別教室や自習室、食堂、体育施設などのほかに校外や海外に研修施設を持つ学校も多くあります。図書館の蔵書数を誇っている学校も多くあります。

さて、入試について見てみましょう。

首都圏の私立高校の入学試験は、都県によって呼び方が違いますが、推薦（前期）入試と、一般（後期）入試に分けられます。

通常、一般（後期）入試では学力試験が重視されます。学校によっては面接、作文などが行われます。

公立高校と違って調査書はあまり重視されず、参考程度にとどめられています。

推薦だから「試験はなし」という学校が多いのですが、推薦（前期）入試でも、適性検査という名称で筆記試験を課されることも多くなってきました。

これらの学力試験や適性検査の科目数は、国語・数学・英語の3科目という学校がほとんどです。

私立高校の入試は、都県ごと、また、学校ごとに試験日程、入試システムがまったくといってよいほど違いますので注意が必要です。

埼玉では前期・後期の垣根がなくなり、ほぼ一本化された入試となっています。

千葉の私立高校では、前期への募集前倒し傾向が顕著です。つまり前期でほぼ入試が終わってしまうということです。これは埼玉と同様の傾向といえます。

東京、神奈川では「推薦」の募集を減らし「一般」募集に定員をまわす傾向もでてきました。

学費の面では、私立高校は3年間にかかる費用が、国立高校・公立高校に比べて高くなります。その差は、2014年度（平成26年度）から国の施策が、授業料について変更され、少し小さくはなりましたが、まだまだ大きいと感じる保護者の方が多いでしょう。

また、私立高校でも、学校によって差が大きいのも事実です。修学旅行で海外に行く高校も多く、その費用などで差が出てきます。

公立高校

感じられる伝統と自由
学費が安価なのも大きな魅力

公立高校というのは、都道府県や市町村といった地方自治体によって設立され、その運営も自治体が行っている学校です。

ですから、公立高校は、原則的にその都県在住者のみしか受験できません。また、千葉県では学区制があり（東京・神奈川・埼玉はすでに廃止）、地域によって受験できる学校が限られます（市立高校では一部制限がある）。

首都圏では、東京と神奈川の普通科は共学のみ、千葉・埼玉では男子校、女子校が見られます。

全日制、定時制、通信制などがありますが、全日制のなかにも、普通科のほかに専門学科（理数科・外国語科・商業科・工業科・農業科など）があります。これらの特徴を合わせ持つ総合高校という形態の学校もあります。総合高校では、普通科目と専門科目のさまざまな科目のなかから、自分の興味・関心・進路希望に合わせて幅広く学習ができます。

普通科では2・3年次に、希望進路に合わせて文系・理系にクラス分けする学校が多く、希望に沿った学習ができるよう、多くの選択科目を設定し、私立高校並みに大学進学にポイントを絞る学校も多くなりました。

都立高校の「進学指導重点校」に代表されるような、難関大学進学にウエイトをおいた学校が増えてきているのも、ここ15年ほどの特徴です。

また、公立高校といっても学校独自の特色を出すことが奨励され、授業やカリキュラムの進め方も多様化しています。

普通科のなかでも「単位制」を採用している学校は、クラス編成、学年編成にこだわらず、単位取得について、生徒が自分で時間割を作って通学している学校です。

公立高校も私立高校ほどではないにしても、各校ごとに校風があります。部活動が盛んな高校、ほとんどの生徒が大学進学をめざしている高校など、その高校のカラーがありますので、よく観察しましょう。

校則が比較的ゆるやかで、制服がない学校もあります。自由な学園生活を魅力に感じる生徒がめざす学校ともいえます。

しかし、そのぶん、しっかりと自分を律することができないと、怠惰《たいだ》な高校生活を送る危険性があるともいえます。例えば、前述した単位制の学校などは、すべて自分で時間割を組むわけですから、自律ができない生徒には、むしろ向きません。

私立高校に比べると学費は安くなります。家庭の収入によって国からの「高等学校等就学支援金」が異なるので一概には言えませんが、授業料がほとんどかからない家庭もあります。その他の費用として制服や体操着代、修学旅行の積み立てなどが必要ですが、私立高校では徴収される施設費などはありません。

国立高校

狭き門くぐり切磋琢磨
レベルは高いが伸びのび

国立高校は、独立行政法人国立大学（いわゆる国立大学）の附属高校で、建学の趣旨は、「教育学に関する研究・実験に協力」する「教育実験校」です。

募集人員は少なく、入試の難易度、合格の基準も高く、入学後の学力レベルも高いのが特徴です。

あくまで「教育実験校」ですから、授業形態やカリキュラムを、先生、生徒の人間関係を含めて研究する学校です。得られたものを日本の教育に役立てようとしているわけです。ですから、大学受験向きに授業が組まれているわけではありません。それが、受験勉強とはかけ離れた伸びのびした校風につながっているともいえます。

系列の国立大学はありますが、進学に有利な点はなく、他の受験生同様に大学入試に臨みます。

国立高校に進学するには難関の入試を突破する必要がありますが、授業の内容も質が高く、入学後の学力レベルも高く維持されているため、大学進学実績も高いものがあります。

学習にしても部活動にしても生徒自身が、上級生、下級生を問わず互いに高めあう校風があり、高い進学実績維持の原動力となっています。

国立高校の入試には推薦入試はありません。一般入試は学力検査と面接で、学力検査の出題はその学校の独自問題です。

学費は、公立高校とほぼ同じです。

受験する場合、国立高校には通学地域、通学時間に制限がある学校が多いので注意が必要です。

ご提案型の教育旅行会社って？

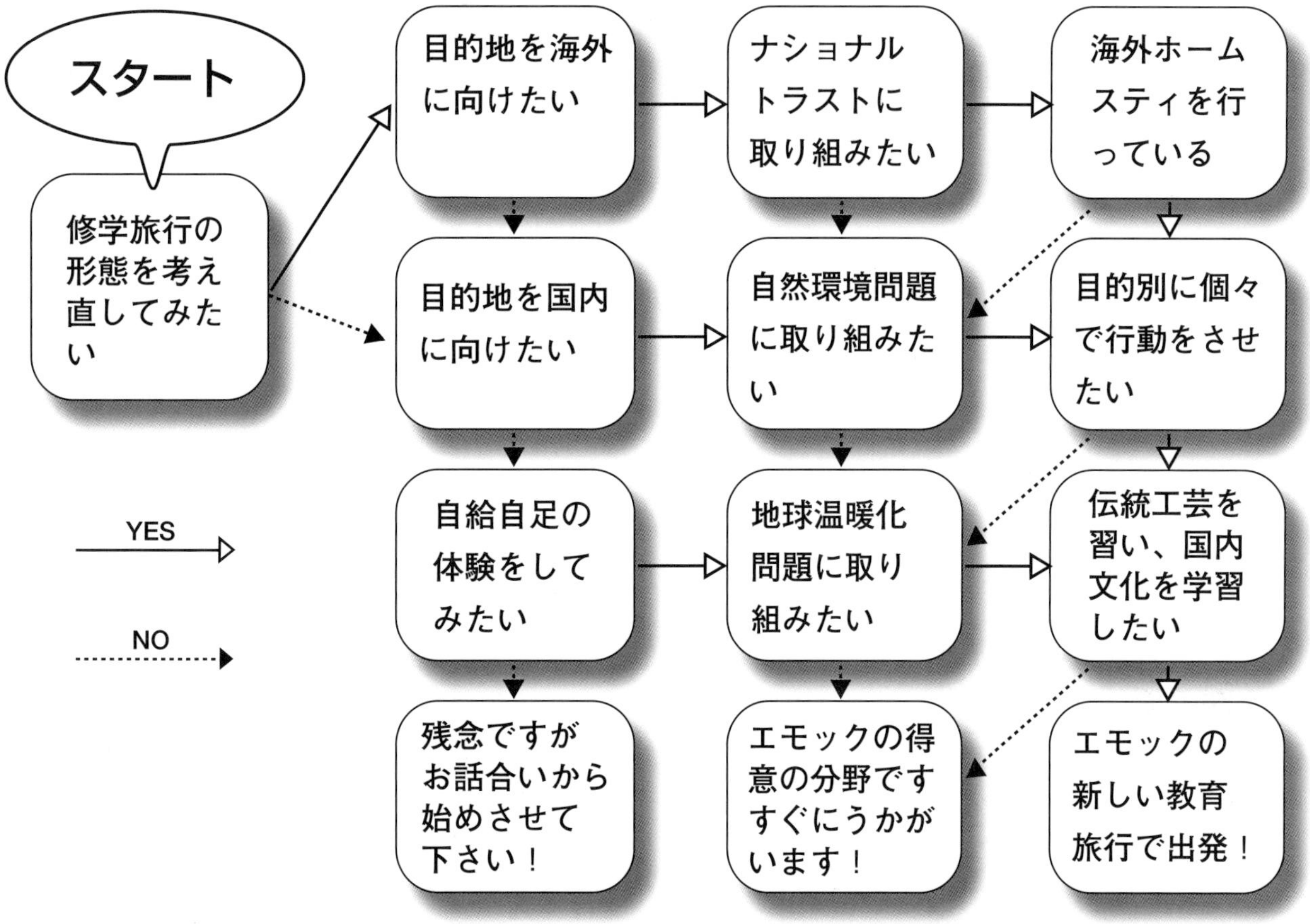
スタート
修学旅行の形態を考え直してみたい
目的地を海外に向けたい
ナショナルトラストに取り組みたい
海外ホームスティを行っている
目的地を国内に向けたい
自然環境問題に取り組みたい
目的別に個々で行動をさせたい
自給自足の体験をしてみたい
地球温暖化問題に取り組みたい
伝統工芸を習い、国内文化を学習したい
残念ですがお話合いから始めさせて下さい！
エモックの得意の分野ですすぐにうかがいます！
エモックの新しい教育旅行で出発！
YES
NO

従来の名所旧跡を訪ねる修学旅行から、最近ではさまざまなテーマを生徒個々または小グループごとにコンセプトメークしひとつの社会貢献の一環として、位置づける学習旅行へと形態移行しつつあります。

小社では国内及び海外の各種特殊業界視察旅行を長年の経験と実績で培い、これらのノウハウを学校教育の現場で取り入れていただき、保護者、先生、生徒と一体化した旅行づくりを行っております。

一例

- ●海、山、川の動物、小動物の生態系研究
- ●春の田植えと秋の収穫体験、自給自足のキャンプ
- ●生ごみ処理、生活廃水、産業廃棄物、地球温暖化などの環境問題研究
- ●ナショナルトラスト（環境保全施設、自然環境、道の駅、ウォーキング）
- ●語学研修（ホームスティ、ドミトリー、チューター付研修）など

[取扱旅行代理店]　**（株）エモック・エンタープライズ**

担当：山本／半田

国土交通大臣登録旅行業第1144号　日本旅行業協会正会員（JATA）
東京都港区西新橋1-19-3　第２双葉ビル２階　☎ 03-3507-9777（代）
E-mail:amok-enterprise@amok.co.jp　URL:http://www.amok.co.jp/

1月号の答えと解説

問題　マスターワード

？に入る文字を推理するパズルです。☆は？に入る文字が使われていますが、入る位置が違うことを表しています。★は入る位置も正しく使われています。☆（もしくは★）１個は１文字です。また、単語は、BOOKやEVERYのように、同じ文字が含まれていることはありません。

???		
①	CAT	☆☆
②	EAT	☆☆
③	SEA	☆☆
④	USE	★

【例】 次の ??? に当てはまる3文字の英単語を答えなさい。

【解き方】

③と④を比べると、Aが使われていて、Uは使われていないことがわかり、さらに②、③から、Aは１文字目です。

次に、④でSが使われているとすると、Eは使われていないことになり、②からTが使われていることになります。ところが、④からSは２文字目の位置になりますから、Tの位置が①、②と矛盾します。

よって、④ではEは使われていることになり、②からTが使われていないことになります。こうして推理を進めていくと ??? は“ACE”ということがわかります。

それでは、この要領で次の問題を考えてみてください。

【問題】 次の ？？？？？ に当てはまる５文字の英単語はなんでしょう

？？？？？		
①	TIGER	★★☆
②	YACHT	★★
③	SHARP	★☆
④	THOSE	☆☆☆
⑤	IMAGE	☆☆

ヒント：①、②、④を比べると、５文字の単語であることから、使われているアルファベットの種類や位置が絞られてきます。

解答　SIGHT（視力・視界・景色）

解説

①、④を比べると、EとTが共通です。

もし、Tが使われていないとすると、①でI、G、E、Rのなかから３文字、④でH、O、S、Eのなかから３文字が使われていることになり、Eが使われていないと５文字をオーバーします。また、このとき、①でI、G、Rのなかから２文字、④でH、O、Sのなかから２文字が使われていることになるので、これらの文字以外は使うことができません。そうなると、②の条件を満たす文字が１文字不足してしまいます。

したがって、Tは使われていなくてはなりません。しかも、②からTは５番目の位置にあることになります。

よって、①でTは正しい位置にないので、正しい位置にある文字はI、G、Eのなかの２文字ですから、Rは使われていないことになります。また、⑤からM、Aも使われていません。

③と④を比べて、Hは２番目にないから、③で正しい位置にある文字はSと決まります。そうなると、②からYは使われていないことがわかります。②と③を比べて、Hが使われていないと文字数が５文字をオーバーしますから、②で正しい位置にある文字はHと決まり、①で正しい位置にある文字はI、Gとわかります。

以上から、問題の単語は「ＳＩＧＨＴ」と決まります。

学習パズル

今月号の問題

Q 熟語しりとりパズル

スタートから始めて、すでに書かれている漢字や下のカギをヒントに、中心に向けて熟語のしりとりをしながら、すべてのマスを漢字でうめてパズルを完成させてください。ただし、数字のついているマスは、カギの熟語の1文字目が入ります。

最後に色のついたマスを縦に読む3文字の熟語を答えてください。

カギ

1 ≒汚名返上
2 避けてぶつからないようにする
3 建物を落雷から守るために屋上に立てます
4 小さい事柄を大げさに言う
5 似たりよったりで、大差ない
6 ほかと異なって特色があること
7 塗り絵をするときに使う
8 手紙や文章を書くのは面倒だ
9 気持ちを落ち着かせ1つの物事に集中
10 あることを成し遂げようと強く心に誓うこと
11 絶体絶命のピンチから、一気に…
12 ≒誕生日
13 ⇔洋間
14 人の言った言葉を、「 」や “ ” を用いずに表します
15 著しく度を越していること。○○な値段
16 よその国
17 東京大や京都大などは、これ
18 学習参考書を略して
19 国民が、政治に直接または間接的に参加できる資格
20 ⇔義務
21 社会や他人のことをお構いなしに、自分の利益を最優先にする考え方
22 徴兵によらないで、自発的に軍に参加する兵

→スタート

1			2 回	3		4
11	死		12		月	
	18	19		20	13	
念				21		5 大
10		22			14	
	17 国	16	15		接	
	9		8 筆		7	6

応募方法

●必須記入事項

01 クイズの答え　04 学年
02 住所　05 年齢
03 氏名（フリガナ）　06 右のアンケート解答

◎すべての項目にお答えのうえ、ご応募ください。
◎ハガキ・ＦＡＸ・e-mailのいずれかでご応募ください。
◎正解者のなかから抽選で３名の方に図書カードをプレゼントいたします。
◎当選者の発表は本誌2016年5月号誌上の予定です。

●下記のアンケートにお答えください。

A今月号でおもしろかった記事とその理由
B今後、特集してほしい企画
C今後、取り上げてほしい高校など
Dその他、本誌をお読みになっての感想

◆応募締切日 2016年3月15日（当日消印有効）

◆あて先
〒101-0047　東京都千代田区内神田2-4-2
グローバル教育出版　サクセス編集室
FAX：03-5939-6014　e-mail:success15@g-ap.com

1月号学習パズル当選者

全正解者39名

中原　雄太さん（中３・東京都八王子市）
藤井　暉己さん（中２・東京都葛飾区）
大山　杏さん（中１・千葉県千葉市）

に挑戦！！

朋《ほう》優《ゆう》学《がく》院《いん》高等学校

- 東京都品川区西大井6-1-23
- JR横須賀線・湘南新宿ライン「西大井駅」、東急大井町線「荏原町駅」、東急大井町線・都営浅草線「中延駅」徒歩９分
- 03-3784-2131
- http://www.ho-yu.ed.jp/

問題

連続した27個の自然数があり，そのうちの偶数だけの和と奇数だけの和の差は45である。次の各問いに答えよ。

(1) この27個の自然数のうち，一番小さい数を求めよ。

(2) この27個の自然数の積は，末尾から続けて０が何個並ぶか求めよ。

解答 (1) 32　(2) 6個

横《よこ》須《す》賀《か》学《がく》院《いん》高等学校

- 神奈川県横須賀市稲岡町82
- 京浜急行線「横須賀中央駅」徒歩10分、JR横須賀線「横須賀駅」徒歩18分またはバス
- 046-822-3218
- http://www.yokosukagakuin.ac.jp/

問題

次の1から5の――のカタカナは漢字に直して書きなさい。また6から10の――の漢字の読みをひらがなで答えなさい。

1、いよいよ最新の設備がカドウしようとしている。

2、この小説はシセイの生活を的確に描写している。

3、重篤な病気をワズラっていることが発見された。

4、友人のかたくなな主張に対してホンイを促した。

5、彼はコウオの激しい性格が災いし信頼を損ねた。

6、この演劇で描かれた主人公はまさに悪の権化だ。

7、旧友と三年ぶりに再会して、懇ろにもてなした。

8、観衆は緊迫した試合の展開に一瞬固唾を飲んだ。

9、彼の辛辣な批評が雑誌に掲載され話題となった。

10、彼女は天賦の才に恵まれたことに感謝すべきだ。

解答 1、稼働または稼動　2、市井　3、患　4、翻意　5、好悪　6、ごんげ　7、ねんご（ろ）　8、かたず　9、しんらつ　10、てんぷ

私立高校の入試問題

成《せい》蹊《けい》高等学校

問題

２つのビーカーA，Bがあり，Aには５％の食塩水が400g，BにはAの３倍の濃度の15％の食塩水が300g入っている。それぞれのビーカーからxgの食塩水を同時に取り出して，Aから取り出した分をBに，Bから取り出した分をAに入れてよくかき混ぜた。この操作の結果，Bの濃度はAの濃度のちょうど２倍となった。このとき，次の各問いに答えよ。

(1) 操作後のAの食塩水の濃度（％）をxの式で表せ。

(2) xの値を求めよ。

解答 (1) $\frac{x+200}{40}$ ％　(2) 60

■ 東京都武蔵野市吉祥寺北町3-10-13

■ 西武新宿線「武蔵関駅」徒歩20分またはバス、JR中央線・総武線「三鷹駅」「吉祥寺駅」・西武池袋線「保谷駅」「大泉学園駅」・西武新宿線「西武柳沢駅」バス

■ 0422-37-3818

■ http://www.seikei.ac.jp/jsh/

2017年度（来年度）入試日程

一般入試　２月10日（金）
帰国生入試　２月14日（火）

拓《たく》殖《しょく》大《だい》学《がく》第《だい》一《いち》高等学校

問題

図のように，２点A（３，０），B（０，６）を通る直線ℓと直線$m:y=x-1$がある。直線mとx軸および直線ℓとの交点をそれぞれC，Dとする。また，線分CD上に点Eをとり，２つの長方形EFGH，EIJKをつくる。ただし，点F，Gはx軸上，点H，Iは直線ℓ上，点J，Kはy軸上にあるものとする。

このとき，次の各問に答えよ。

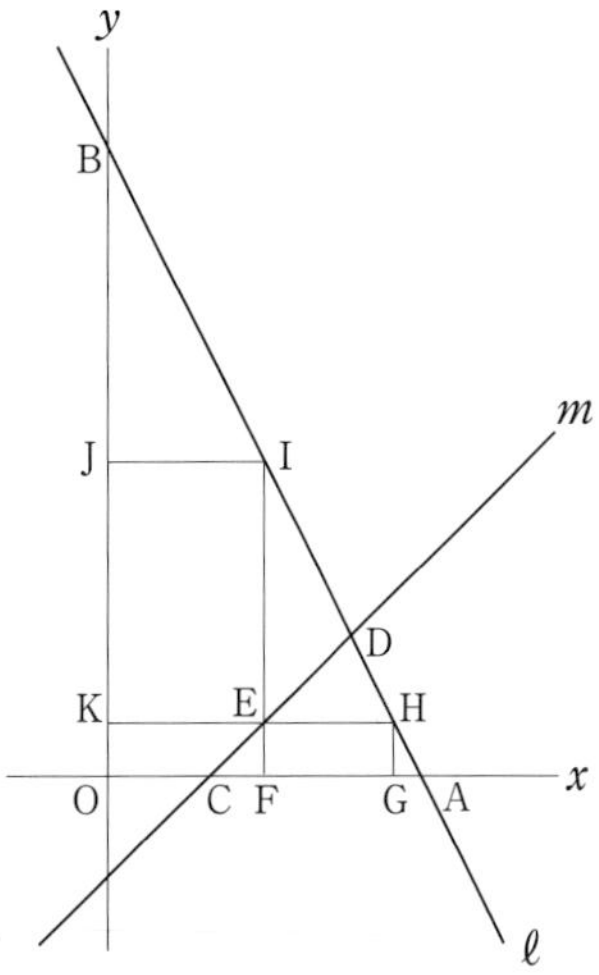

(1) 直線ℓの方程式を求めよ。

(2) 点Dの座標を求めよ。

(3) 長方形EFGHと長方形EIJKの面積比が１：６となるとき，点Eの座標を求めよ。

解答 (1) $y=-2x+6$　(2) $\left(\frac{7}{3},\ \frac{4}{3}\right)$　(3) $\left(\frac{3}{2},\ \frac{1}{2}\right)$

■ 東京都武蔵村山市大南4-64-5

■ 西武拝島線・多摩都市モノレール「玉川上水駅」徒歩3分

■ 042-590-3311

■ http://www.takuichi.ed.jp/

みんなの
お便りコーナー

Letter section

サクセス広場

テーマ
バレンタインの思い出

好きな人にチョコをあげたのに、その好きな人が**ほかの人と食べていた…**。手作りだったのに…涙。でも、いまでは親友です。
（中2・ヒョミン大本命さん）

好きな女の子に**義理チョコ**をもらったときの切なさったらない。
（中3・チョコはおいしかったさん）

はりきってチョコを手作りしたのに、いっしょにカバンに入れてたカイロのせいで**溶けて台無しに…**。悲しい思い出です。
（中1・ポカロンさん）

2人の女子から同時にチョコを渡され告白された。どっちか選んでって。選べないと思ってどっちも断ったけど、惜しいことしたなあ。
（中2・次のモテ期は…さん）

去年、初めて手作りチョコレートに挑戦しました。うまくできたのに、夜のうちに**父に食べられてしまい**、好きな人に渡すことはできませんでした。お父さん、わざとかな…？
（中2・T.Y.さん）

勇気を出してチョコを渡したら、「**チョコ嫌い**なんだよね…」と言われた。男なら黙って受け取れよ！
（中2・チョコ大好きさん）

テーマ
心温まる話

混んでいるバスに大荷物で乗ったら、知らないおばさんが「降りるまで持っててあげるから」と**荷物を1つ持ってくれました**。私もあんな親切な大人になります。
（中1・ちびっ子さん）

手袋をなくしてへこんでいたけど、だれかが届けてくれてて、学校の**落としものコーナー**においてあった。届けてくれた人、ありがとう！
（中2・おっちょさん）

この前急いで走ってたときに思いっきりこけてしまった。痛くて起きあがれなかったら、通りすがりのお姉さんが助け起こしてくれて**応急処置**までしてくれた。
（中1・M.A.さん）

この前コンビニに行ったとき、お金を支払ったあと、財布をカウンターに置きっぱなしにしてお店を出てしまったみたいで、店員さんが**走って追いかけてきてくれました**。その人は外国の人で、あまり日本語は上手じゃなかったんですけど、必死で説明してくれて、なんだかすごく嬉しかったです。
（中1・忘れん坊さん）

テーマ
地球最後の日の過ごし方

海にもぐるとか、山のてっぺんに登るとか、**大自然を感じながら**最後を迎えたいです。
（中3・Y.K.さん）

なにをしようか**考えすぎて**なにもしないまま終わりそう。
（中2・優柔不断さん）

知り合いに会いに行きます。会える限り。最後だし。
（中3・人が好きさん）

大切な人と会って、好きなものをお腹いっぱい食べて、**寝る**！　寝ていれば、最後の瞬間も怖くないはず。問題は眠れるかどうかですが…。
（中1・ビビりんさん）

親孝行したい！　いままで育ててくれた親に感謝したい！
（中1・やすっちさん）

地球最後の日は、やっぱり**大切な人といたい**。俺が最後まで守るんだ!!
（中2・こんなこと言ってみたいさん）

必須記入事項

A／テーマ、その理由　B／住所　C／氏名
D／学年　E／ご意見、ご感想など

ハガキ、FAX、メールを下記までどしどしお寄せください！
住所・氏名は正しく書いてください!!
ペンネームは氏名のうしろに（　）で書いてネ！
【例】サク山太郎（サクちゃん）

宛先

〒101-0047　東京都千代田区内神田 2-4-2
グローバル教育出版　サクセス編集室
FAX：03-5939-6014
e-mail:success15@g-ap.com

募集中のテーマ

「新学期から始めたいこと」
「○○にひと言もの申す!」
「もし政治家になったら…」

応募〆切 2016年3月15日

ここにメールしてね！

success15

ケータイ・スマホから上のQRコードを読み取り、メールすることもできます。

Present!!
掲載された方には抽選で**図書カード**をお届けします！

掲載にあたり一部文章を整理することもございます。個人情報については、図書カードのお届けにのみ使用し、その他の目的では使用いたしません。

世間で注目のイベントを紹介

サクセス イベントスケジュール

3月～4月

ツバキ

冬から春にかけて花開くツバキ。美しい花と、冬でも常緑で、日当たりが悪い場所でも生育する性質が好まれ、日本でも古くから品種改良が盛んに行われている。花を観賞するだけでなく、材木は工芸品に、種子は絞って油とするなど、用途も多様だ。

「ピクサー」ファン必見！

1

2 ＼史上最大の肉食恐竜！／

カラヴァッジョの魅力

3

テーマは「魔女」

4

5 ／ゲームの意味を考える＼

ファッションと芸術

6

No. 1

スタジオ設立30周年記念 ピクサー展

3月5日（土）～5月29日（日）

東京都現代美術館

「トイ・ストーリー」や「ファインディング・ニモ」、「カーズ」など、たくさんの人気作品を送り出すピクサー・アニメーション・スタジオ。その設立30周年を記念し、ピクサーに所属する多数のアーティストたちが生み出した約500点のアートワークを紹介している。かわいくて、ファンタジックな作品がみんなを待っているよ（P5組10名）。

No. 2

恐竜博2016

3月8日（火）～6月12日（日）

国立科学博物館

全長15mと推定される、史上最大の肉食恐竜スピノサウルスと、恐竜のなかでも人気の高いティラノサウルス。肉食恐竜の二大スターが競演！　迫力満点の全身復元骨格が見られるよ。そのほかにも、パラサウロロフスとカスモサウルスの赤ちゃんの実物化石や、最新の恐竜研究成果の紹介などワクワクする展示が盛りだくさんだ（P5組10名）。

No. 3

日伊国交樹立150周年記念 カラヴァッジョ展

3月1日（火）～6月12日（日）

国立西洋美術館

イタリアが誇る大画家カラヴァッジョ。ルネサンス以降の美術の規範を打ち破る新たな手法を多く生み出した、西洋美術史における変革者の1人に数えられている。展覧会では、現存する真筆は60点強というカラヴァッジョの作品から、約10点が集結。その継承者の作品も展示される。ルネサンスを超えた芸術家の魅力を感じてみよう（P5組10名）。

No. 4

魔女の秘密展

2月19日（金）～3月13日（日）

ラフォーレミュージアム原宿

神秘的な存在「魔女」をテーマにした展覧会が開催される。私たちのよく知る童話や小説にも登場する魔女。ヨーロッパでは古くからその存在が信じられ、15～17世紀には「魔女狩り」も行われていたんだ。展覧会では、30カ所以上の美術館・博物館からまじない道具や魔女裁判に関する書物など貴重な資料を紹介。本物の魔女の秘密に迫る。

No. 5

GAME ON ～ゲームってなんでおもしろい?～

3月2日（水）～5月30日（月）

日本科学未来館

進化を続けるコンピュータゲームの歴史と社会的・文化的意味、そして未来を考える企画展。大流行したアーケードゲームの展示をはじめ、家庭用ゲーム機からスマホゲームまで、150タイトル以上を実際にプレイできる体験型展示が特徴。ゲームの仕組みや制作過程などの紹介を通してゲームにはまる謎の解明に迫るコーナーも必見だ（P5組10名）。

No. 6

PARIS オートクチュール 世界に一つだけの服

3月4日（金）～5月22日（日）

三菱一号館美術館

オートクチュールとは、パリ・クチュール組合の承認するブランドにより、顧客の注文に合わせて仕立てる高級服のこと。世界最高峰の職人技で作られた着る芸術ともいえるオートクチュールの世界を、ドレス、小物、デザイン画など約130点から紹介。オートクチュールが誕生した19世紀後半から現代までのファッションを概観できる（P5組10名）。

1 ボブ・ポーリー《ウッディとバズ》『トイ・ストーリー』(1995年) 複製（マーカー、鉛筆／紙）©Disney/Pixar　**2** Courtesy of The University of Chicago　**3** カラヴァッジョ《女占い師》1597 年頃、油彩/カンヴァス、115×150cm、ローマ、カピトリーノ絵画館 ©Archivio Fotografico dei Musei Capitolini　**4**《魔女》ジャック＝レイモン・ブラスカサ トゥールーズ、オーギュスタン博物館 ©Toulouse, musee des Augustins/Photo: Daniel Martin　**6** ウォルト イヴニング・ケープ 1898-1900年頃 ガリエラ宮パリ市立モード美術館蔵 ©Katerina Jebb @ mfilomeno.com

招待券プレゼント! Pマークのある展覧会・イベントの招待券をプレゼントします。希望する展覧会の名称・住所・氏名・年齢・「サクセス15」を読んでのご意見ご感想を明記のうえ、編集部までお送りください(応募締切2016年3月15日必着　あて先は69ページ参照)。当選の発表は賞品の発送をもってかえさせていただきます。

Success15 Back Number

サクセス15 バックナンバー好評発売中！

2016 2月号

いよいよ本番！
高校入試総まとめ

中学生のための
検定ガイド

SCHOOL EXPRESS 千葉県立東葛飾

Focus on 中央大学附属

2016 1月号

過去問演習で
ラストスパート

サクラサク
合格必勝アイテム

SCHOOL EXPRESS 東京都立日比谷

Focus on 法政大学高

2015 12月号

世界にはばたけ！
SGH大特集

苦手でも大丈夫!!
国・数・英の楽しみ方

SCHOOL EXPRESS 埼玉県立浦和

Focus on 中央大学高

2015 11月号

高校受験
あと100日の過ごし方

サクセス編集部セレクション
シャーペン・ザ・ベスト10

SCHOOL EXPRESS 東京都立国立

Focus on 國學院大學久我山

2015 10月号

社会と理科の
分野別勉強法

図書館で、
本の世界を旅しよう！

SCHOOL EXPRESS 東京都立戸山

Focus on 明治大学付属中野

2015 9月号

どんな部があるのかな？
高校の文化部紹介

集中力が高まる
8つの方法

SCHOOL EXPRESS 神奈川県立横浜翠嵐

Focus on 中央大学杉並

2015 8月号

夏休み
レベルアップガイド

作ってみよう！
夏バテを防ぐ料理

SCHOOL EXPRESS 早稲田大学本庄高等学院

Focus on 法政大学第二

2015 7月号

参加しよう
学校説明会etc

中学生のための
手帳活用術

SCHOOL EXPRESS 東京都立西

Focus on 青山学院高等部

2015 6月号

キミもチャレンジしてみよう
高校入試数学問題特集

一度は行ってみたい！世界&日本の世界遺産

SCHOOL EXPRESS 慶應義塾志木

Focus on 公立高校 東京都立富士

2015 5月号

先輩教えて！
合格をつかむための13の質問

数学っておもしろい！　数の不思議

SCHOOL EXPRESS 早稲田大学高等学院

Focus on 公立高校 神奈川県立湘南

2015 4月号

国立・公立・私立
徹底比較2015

東大生オススメブックレビュー

SCHOOL EXPRESS 早稲田実業学校高等部

Focus on 公立高校 神奈川県立横浜緑ケ丘

2015 3月号

もっと知りたい！
高大連携教育

宇宙について学べる施設

SCHOOL EXPRESS 国際基督教大学高

Focus on 公立高校 茨城県立土浦第一

2015 2月号

受験生必見！
入試直前ガイダンス

2014年こんなことがありました

SCHOOL EXPRESS 昭和学院秀英

Focus on 公立高校 東京都立青山

2015 1月号

学年別
冬休みの過ごし方

パワースポットで合格祈願

SCHOOL EXPRESS 慶應義塾湘南藤沢

Focus on 公立高校 千葉県立千葉東

2014 12月号

いまから知ろう！
首都圏難関私立大学

スキマ時間の使い方

SCHOOL EXPRESS 明治大学付属明治

Focus on 公立高校 埼玉県立川越

2014 11月号

志望校対策はコレでバッチリ！
過去問演習5つのポイント

本気で使える文房具

SCHOOL EXPRESS 立教新座

Focus on 公立高校 神奈川県立柏陽

これより前のバックナンバーはホームページでご覧いただけます（http://success.waseda-ac.net/）

How to order
バックナンバーのお求めは

バックナンバーのご注文は電話・FAX・ホームページにてお受けしております。詳しくは80ページの「information」をご覧ください。

さくいん

＜コーナー名＞

＜本文中記事＞

“個別指導”だからできること × “早稲アカ”だからできること

- 難関校にも対応できる
- 弱点科目を集中的に学習できる
- 最終授業が20時から受けられる
- 早稲アカのカリキュラムで学習できる

広がる早稲田アカデミー個別指導ネットワーク

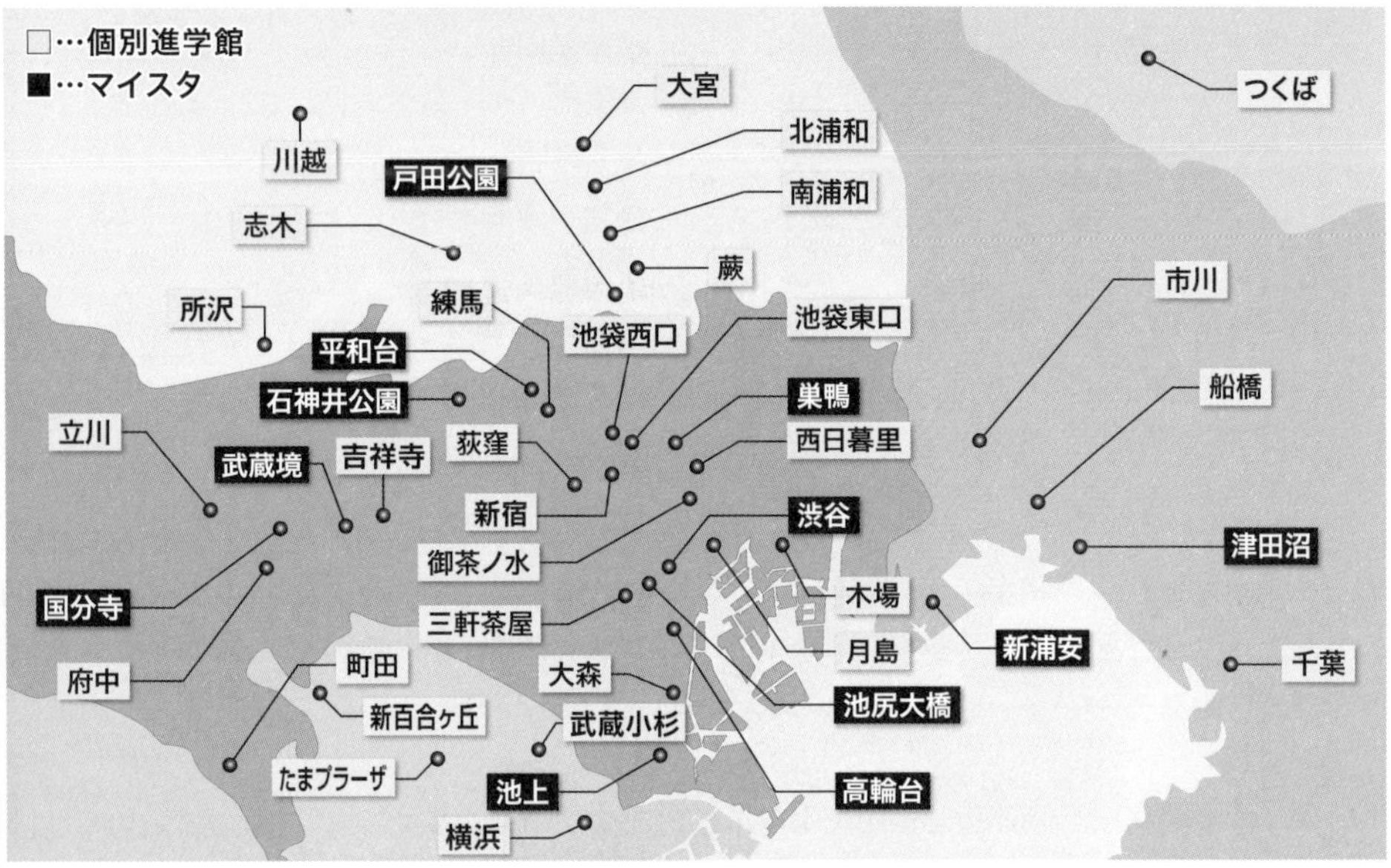

マイスタは2001年に池尻大橋教室・戸田公園教室の2校でスタートし、個別進学館は2010年の志木校の1校でスタートした、早稲田アカデミーの個別指導ブランドです。お子様の状況に応じて受講時間・受講科目が選べます。また、早稲田アカデミーの個別指導なので、集団授業と同内容を個別指導で受講することができます。マイスタは1授業80分で1：1または1：2の指導形式です。個別進学館は1授業90分で指導形式は1：2となっています。カリキュラムなどはお子様の学習状況、志望校などにより異なってきます。お気軽にお近くの教室・校舎にお問い合わせください。

悩んでいます… 中1

近くの早稲アカに通いたいのに部活動が忙しくてどうしても曜日が合いません。

解決します！

週1日からでも、英語・数学を中心に、早稲アカのカリキュラムに完全に準拠した形での学習が可能です。早稲アカに通う中1生と同じテストも受験できるので、成績の動向を正確に把握したり、競争意識を高められるのも大きな魅力です。

悩んでいます… 中2

都立高校を志望しています。内申点を上げたいので、定期テスト対策を重点的にやって欲しい。

解決します！

個別指導では学校の教科書に準拠した学習指導も可能です。授業すべてを学校対策にすることもできますし、普段は受験用のカリキュラムで学習をすすめ、テスト前だけは学校の対策という柔軟な対応も可能です。

悩んでいます… 中1 中2

3月の難関チャレンジ公開模試に向けて弱点を対策しておきたい！

解決します！

早稲アカの個別指導なので、難易度の高い問題への対策を行うことができます。早稲アカ各種テストの対策ができるのも早稲アカ個別指導の特徴です。通常の授業に加え、ピンポイントで授業回数を増加することが可能です。

新規開校 早稲田アカデミー個別進学館 **所沢校** 新入生受付中

小・中・高 全学年対応／難関受験・個別指導・人材育成

早稲田アカデミー個別進学館

WASEDA ACADEMY KOBETSU SCHOOL

お問い合わせ・お申し込みは最寄りの個別進学館各校舎までお気軽に！

池袋西口校 03-5992-5901	池袋東口校 03-3971-1611	大森校 03-5746-3377	荻窪校 03-3220-0611	御茶ノ水校 03-3259-8411
木場校 03-6458-5153	吉祥寺校 0422-22-9211	三軒茶屋校 03-5779-8678	新宿校 03-3370-2911	立川校 042-548-0788
月島校 03-3531-3860	西日暮里校 03-3802-1101	練馬校 03-3994-2611	府中校 042-314-1222	町田校 042-720-4331
新百合ヶ丘校 044-951-1550	たまプラーザ校 045-901-9101	武蔵小杉校 044-739-3557	横浜校 045-323-2511	大宮校 048-650-7225
川越校 049-277-5143	北浦和校 048-822-6801	志木校 048-485-6520	所沢校 04-2992-3311	南浦和校 048-882-5721
蕨　校 048-444-3355	市川校 047-303-3739	千葉校 043-302-5811	船橋校 047-411-1099	つくば校 029-855-2660

首都圏に30校舎（今後も続々開校予定）

MYSTA

早稲田アカデミー 個別指導マイスタ

お問い合わせ・お申し込みは最寄りのMYSTA各教室までお気軽に！

渋谷教室 03-3409-2311	池尻大橋教室 03-3485-8111	高輪台教室 03-3443-4781
池上教室 03-3751-2141	巣鴨教室 03-5394-2911	平和台教室 03-5399-0811
石神井公園教室 03-3997-9011	武蔵境教室 0422-33-6311	国分寺教室 042-328-6711
戸田公園教室 048-432-7651	新浦安教室 047-355-4711	津田沼教室 047-474-5021

Success15

From Editors

今号では、これから中学生になるみなさん、そして中2・中3になるみなさんに向けて、「高校入試」が具体的にイメージできるような巻頭特集をお届けしました。新入生や中2の段階では、高校入試なんて関係ないよ、と思えるかもしれませんし、実際、高校入試はすぐそこにはありません。しかし、どんなものなのかを知っておき、できる範囲で準備しておくのとそうでないのとでは、いざというときに大きな差が出てしまうものです。ぜひこの特集を読み、自分のこととして少しでも高校入試を意識してもらえればと思います。

そして、高校入試の最終盤を頑張っている受験生のみなさんにいい結果が届きますように。　（C）

3月号

Next Issue 4月号

Special 1

こんなにある！
国際系・理数系の
大学・学部

Special 2

読むと前向きに
なれる本

SCHOOL EXPRESS

開成高等学校

FOCUS ON

神奈川県立多摩高等学校

※特集内容および掲載校は変更されることがあります

Information

『サクセス15』は全国の書店にてお買い求めいただけますが、万が一、書店店頭に見当たらない場合は、書店にてご注文いただくか、弊社販売部、もしくはホームページ（右記）よりご注文ください。送料弊社負担にてお送りします。定期購読をご希望いただく場合も、上記と同様の方法でご連絡ください。

Opinion, Impression & etc

本誌をお読みになられてのご感想・ご意見・ご提言などがありましたら、ぜひ当編集室までお声をお寄せください。また、「こんな記事が読みたい」というご要望や、「こういうときはどうしたらいいの」といったご質問などもお待ちしております。今後の参考にさせていただきますので、よろしくお願いいたします。

サクセス編集室お問い合わせ先

TEL : 03-5939-7928　　FAX : 03-5939-6014

高校受験ガイドブック 2016 ③ サクセス 15

発行　2016 年 2 月 15 日　初版第一刷発行
発行所　株式会社グローバル教育出版
〒 101-0047 東京都千代田区内神田 2-4-2
ＴＥＬ　03-3253-5944
ＦＡＸ　03-3253-5945
http://success.waseda-ac.net
e-mail　success15@g-ap.com
郵便振替　00130-3-779535
編集　サクセス編集室
編集協力　株式会社 早稲田アカデミー